JN064923

なぜか集まりたくなる飲食店の

つ-な-が-る 空間デザイン

TEXTBOOK OF ENGAGEMENT DESIGN

久保徹宣

GB

はじめに

最高に心地良いエンゲージメント空間をつくるために

2020年からの3年間、飲食業界は大きく様変わりしました。

残念ながら、クローズした店も数多くあります。一方で、コロナ禍にも打撃を受けずに繁盛し続けているお店もあります。この違いはいったい何でしょう?

私は店舗デザイン事務所を営み、これまで700店舗以上の空間デザインのプロデュースに携わってきました。そこで、**「集客に成功している店の法則」**に気づきました。

それは……どの店も**「なぜか集まりたくなる店」であること**です。

どの店も、コロナ禍によって高まった「人と人が心でつながるニーズ」に対応した店舗デザイン（内装、素材、インテリア、レイアウト、家具、導線、メニュー、サービス等）を採用していました。つまり、**「人と人がつながるデザイン」**を取り入れていたのです。

では、「人と人がつながるデザイン」って、どのようなものでしょう?

たとえば、以下のようなものが挙げられます。

- **目的に合った「人と人の距離感」に席が配置されている。**
- **非日常感あるインテリアや照明が使われている。**
- **お祭りや市場のようなにぎわいと高揚感がある。**
- **どこで写真を撮っても「映える」背景が施されている。**
- **スタッフサービスが個人に合わせた適度な距離感である。**
- **料理や食器がおしゃれでSNSに投稿したくなる。**

このような店舗デザインを採用することで、お客さんは人との絆が深まり、心が温まる「特別な時間」を過ごすことができるのです。必ずしも多くの費用や時間をかけて、大掛かりにお店をつくり変える必要はありません。店舗の空間デザインを「人と人がつながるデザイン」に変えるだけで、きっとあなたのお店は大胆に生まれ変わります。実際に、私が担当したお店はどこも、前年比1・5~3倍の集客を得ることに成功しています。

コロナ禍を経た今、よりリアルにつながる場やアナログな時間の大切さが再認識されています。同時に、集まりたくても集まれないときに培ったSNSによる〝心のつながり〟の価値も、引き続き大切に思われています。そんな新時代に、どうやって繁盛する店をつくるか。バーチャルのツナガリを尊重しつつ、リアルな「人のつながり」を演出しながら、見た目だけではないデザインの価値を店の内外に創り出す――それが私が提唱する、新時代の「人と人がつながるデザイン」です。本書では、新時代のそうしたニーズに対応した飲食店の空間デザインの取り入れ方について、あますところなくお伝えしていきます。

コロナ禍によって、世の中の多くの人たちの生活習慣が変わった「**ニューノーマル時代**」。それに順応していくお店づくりが求められるのは確かですが、私はお店にとっての選択肢が増えて、新たな楽しみが生まれたというプラス要素に捉えています。

テイクアウトやデリバリーへの対応、少人数パーティー、おひとり様需要、SNS映えなど、お客さんはさまざまな「つながり」のニーズを持つようになりました。けれども、お店側はそのすべてに対応する必要はありません。10通りに増えたものに、10通りに近いもので対応していかなければいけないかというと、そんなことはないのです。

そこからは、お店側の選択です。10通りに増えたのなら、自分の店はその中の3通りから向き合う対応をしよう……からで構いません。自分のお店の魅力づくりにフィットする「つながりニーズ」の選択肢を用意し、まずはそれを徹底的に磨いていきましょう。

新しい空間づくりは、もちろんコストをかけるに越したことはありませんが、かければ良いというものでもありません。コストバランスのとれた一手をどう打つか。最低限のコストでも効果を生むボーダーラインというのが存在していて、そのラインは、実は店舗を運営しているオーナーご自身では分からないことが多かったりします。

ですから、まずはこの本の内容をご自身で整理し、客観的に自店の分析をしてみてください。その上で、「つながるデザイン」の実現に何が足りないのか、何を改善すれば良いのかをまずは知ってほしいと思います。

新規出店でも既存店でも、中小規模の飲食店が大型店に勝つための「本当の繁盛店をつくるためのバイブル」——本書をきっかけに今日から、あなたのお店は大きく変わっていくはずです。

久保徹宜

CONTENTS

CHAPTER 1

つながり×ツナガリで更新された飲食店のニーズ

CHAPTER 2

新しいニーズをつかんで繁盛する つながる空間デザインの6原則

CHAPTER

3

10万円から始められるつながる空間デザインの魔法

CHAPTER 4

新しい繁盛を実現した つながる空間デザインの実例集

CHAPTER

5

小手先の戦略で繁盛から遠ざかる空間デザインのNGアクション

CHAPTER

1

つながり×ツナガリで更新された飲食店のニーズ

ENGAGEMENT DESIGN

01

リアルとバーチャルが混在する新しい「つながり」

▼コロナ禍の前にすでにあった「無縁社会」

皆さんは「無縁社会」という言葉を聞いたことがありますか？ 家族や地域、会社などにおける人との絆が薄れ、孤立する人が増えていることを表したもので、今から10年ほど前に問題提起された言葉です。それから10年、私たちはまた別の意味で、この「無縁」という言葉の意味を強くかみしめることになりました。コロナ禍による、リアルな人のつながりの遮断です。

2020年に始まった未曽有の社会状況の中、人々はさまざまな「つながり」を失いました。自由に外に出られなくなることや、人と会うことの制限。飲食店における営業制限は、その最たるものでした。人と人が笑顔で集い、大切な縁を感じる場所であった飲食店がその役目を奪われ、かつてない打撃を受けた過程は今さら説明するまでもないでしょう。

コロナ禍によってもたらされた、新たな無縁を生み出す「コロナ孤立」といわれる状況が、社会にさまざまな変革をもたらすことになったのは事実です。ただ実際には、「無縁社会」という言葉に象徴されたように、人と人とのつながりの希薄化はコロナ禍以前からすでに進んでいたと言えます。いえ、希薄化と決めつけるのは間違いで、私は「変化」だと思っています。

▼「つながり」と「ツナガリ」という新しいカタチ

個人のデジタル化が当たり前になった今、これまでの〈リアル×リアル〈会うか・会わないか〉〉でしか得られなかった心のつながり感が、InstagramやX、Facebookなどのソーシャルメディアを通して日常的に手にできるようになっています。

いわば、リアルの「つながり」に対する、バーチャルの「ツナガリ」。「つながり」から「ツナガリ」へ——同じ空間でリアルにつながらなくても、離れていたってその人を感じることができる心のツナガリは、まさにこの10年で現れた新たなニーズです。

自分が「その場所」にいることを、SNSにアップするためだけに飲食店に行く。自分だけの居場所でゆっくりと食事を楽しみながら、違う空間にいる人とツナガル感覚。人々は、SNSとリアルな場での人のつながりを上手に両立させながら、それぞれ違う自分を表現することでコミュニケーションを得ていきました。とくに今の若年世代の多くは、上手にこれを使い分けています。

▼再びリアルが見直され、バーチャルと併存する時代へ

そうした「使い分け」が進む中で起こったのが、今回のコロナ禍でした。突然生まれた「コロナ孤立」によって、「リアルなつながり」が失われました。結果として私たちは、縁の大切さを意識せざるを得なかったのです。

SNSでのツナガリだけでは、やっぱり何かが欠けている……。それよりも人と人が同じ場所に集い、同じ空気に触れながら、さまざまな時間を一緒に共有したい。「ツナガル」ではなく、よりリアルに「つながる」場所やアナログな時間の大切さ

が再認識されてきたということです。

だからこそ今、飲食店にあらためて必要なのが、人と人がつながるためのデザインです。リアルからバーチャルへ。そして今、再びリアルが見直され、バーチャルと併存する時代へ——だからこそ私は、人と人がつながるデザインを飲食店に取り入れることによって、近年いわれてきた「無縁社会」を「絆社会」に変え、「孤独ゼロ社会」をつくりたいという想いを持っています。

常に一緒にそばにいなくても、どこかでつながっていることが感じられるような、孤独とは無縁の社会……それが新しい絆づくりであり、現代の「エンゲージメント社会」だと思います。そうした転換期だからこそ、飲食店は新たな「つながり」と「ツナガリ」を生み出し、人と人が程良い距離感で関わり合っていく場所として繁盛するチャンスなのです。

▼「つながる」ベースになる3つの要素

繁盛しているお店に行くと気づくことがあります。それは、来ているお客さんがそれぞれ、自分なりにお店の「使い分け」をしているということ。

お互いにリアルな今を楽しみながら、話に花を咲かせて盛り上がっている人。カウンターで1人、スマホの画面を操りながら見えない相手との会話を楽しんでいる人……。そうしたお店の姿を見ていくと、その空間ならではの、さまざまな「つながり」と「ツナガリ」のカタチがあることが分かります。それは、色彩やレイアウトなどの内装や外観をどうするかという視覚だけの要素ではありません。家具やメニュー、立地や接客、PRに至るまで、お店のあらゆる要素はお客さんとつながっているのです。私は、それをあえて3つの要素に分けてみたいと思います。

1つは、ずっと「変わらないもの」。2つめが、ここ最近で「見直されたもの」。3つめが、この10年で「新たに増えたもの」——いずれも、現在の飲食店がつくり上げるべき「つながり」と「ツナガリ」のベースになるものです。次項以降で詳しく解説していきます。

変わらないもの

誰かと食べると美味しい
みんなで食べると、もっと美味しい！

▼「食によって集う」のは、人間としての本能？

人類が誕生して以来、人間としての姿カタチやさまざまな生活習慣は長い時間を経て大きく変わってきましたが、その中でずっと変わらないものがあります。それが、「食べること」、そして「社会をつくり、群れになって生きてきたこと」です。

人類は誕生したときから狩猟採集生活を始め、ムラをつくる集団生活の中で「食」を満たしてきました。みんなで作物を育て、狩猟をして得たものを料理し、家族や同族といった単位で食卓を囲む——人が集まり、共に食べるという行動は人間のDNAレベルで根付いていて、ずっと変わらないものだと思います。

食べ物の味で故郷を想うなど、人の記憶と食事は密接な関係にあります。「同じ釜の飯」「最後の晩餐」といった言葉からも分かるように、食の記憶というものは、必ず誰かとつながっているものなのです。

家に1人でいるのはイヤだから、お店に行く。そこに行けば、人とつながりたいという〝本能〟を満たしてくれる空間がある。そうした想いに応えられる飲食店でなければいけないし、そのための魅力や機能を備えることが大事でしょう。

▼飲食店はジェネレーションミックスの場

多様な世代や異なる環境にいる人たちに、何のしがらみもなく「つながり」を生み出せるのが、飲食店です。

今、「若い人のアルコール離れ」がいわれていますが、私は決してそんなことはないと思っています。多くの人から、「今の若者世代は飲みに行かない」「街に出ない」などという話を聞きますが、実際にはそんなことはありません。

ただ、世代をミックスしてのつながりの場が、圧倒的に減ってきているのは事実でしょう。上司や歳の離れた先輩との「飲み」は極力避ける。世代間ギャップを埋める気苦労やストレスは避けたいから、同世代でのつながりに限定したい。それが今の若者の本音ではないかと思います。

だからこそ私は、そうしたつながりの場をもっとつくりたい。若い人たちとおじさん世代の融合をもっと図りたいという想いがあるのです。つまり、そうした新たなニーズに沿った飲食店などの「集まる場所」が必要です。世代を超えて語り合う場所が少なくなった今の社会を、空間デザインの力、つながるデザインの力で変えていきたいと考えています。

もちろん若い人たちだけではありません。労働時間が長く、会社に縛られてきた40代や50代の働き盛りの人。また職場をリタイアしたあと、社会とのつながりが断たれてしまい、60代や70代で無縁化した自分を淋しく感じている人も多くいます。そうしたあらゆる世代の方に、飲食店の「つながる空間」で何かを見つけてほしい。社会におけるかけがえのない絆をつくり、人と人が心を通わせることができるのが、「食」で空間を結ぶ飲食店の無限の力だと思うからです。

03

ENGAGEMENT DESIGN

見直されたもの①

ウェルネス・フーディングが人生を豊かにする

▼〝ひと気〟のある空間に行って、何かのつながりを感じたい

「急にあの人に会いたくなったり、話をしたくなる」。そんなとき、飲食店で食事をして、私たちは人とつながることができます。それと同時に飲食店は、人とつながる空気感を求めて足が向く場所でもあります。

1人で自分の部屋に閉じこもっていてもつまらない。それよりも、〝ひと気〟のある空間に行って、何かのつながりを感じたい……。それはコロナ禍のさなか、人とのリアルなつながりを失ったマイナスを埋めるための欲求として、自然な流れで生まれたものだと感じています。

1人で出かけても、店に入って周りに人がいるだけで、なぜか孤独を感じなくな

る。人の声を聞く、笑い声を聞く、間接的にでも人を感じながら食を楽しむ――。私はそれを、「ウェルネス・フーディング」と呼んでいます。

今、世の中は、「ウェルネス・フーディング」の時代です。生きている限り誰もが必要とする、「食」のための時間と場所。そこに〝ひと気〟を感じる心地良さがあれば、もっと人は足を運びたくなることでしょう。

▼1人での食事を楽しむ、新しい自分時間

自分1人の空間で食を楽しむ「おひとり様」の需要自体は、コロナ禍以前よりありました。そしてコロナ禍において、それまでのようにお店に行けない状況が、ウーバーイーツなどのデリバリー体制の拡充を生みました。飲食店は持ち帰りメニューの充実や、自店ならではのオリジナリティを表現した特徴ある逸品など、お客さんとの新たなつながりを生むための導線をつくり上げてきたのです。

事実、外食・中食市場情報サービスを提供するエヌピーディー・ジャパン株式会社が公表した調査結果によると、2022年におけるフードデリバリーの市場はコロナ前の2019年と比べて79%増と1・8倍の規模になっています。売上自体は

イートインの7％程度に過ぎないものの、コロナ禍で利用が進んだフードデリバリーサービスが、食のライフスタイルのひとつとして定着したのは確かです。

とはいえ配達上のトラブルが数多く報告され、「デリバリーを行う配達員が信用できない」という仕組み上のデメリットを感じた人も多いでしょう。これは、料理をつくったお店と関係のない第三者が食事を運ぶことで、飲食店とお客さんとの人のつながりが分断されてしまうことによるデメリットです。お店の人の顔が見える関係性があるからこそ、安心して食事を楽しめるということを再認識した人も多いのではないでしょうか。また、他人にひとり暮らしだと知られるリスクを回避するために、または孤独感を人に知られたくないから、わざわざ2人分の出前をオーダーする人もいたそうです。そのせいか、レストラン業態における2022年のデリバリー市場規模は約7489億円と、前年に比べて5・3％減少しました。新型コロナウイルスが第2類に分類された2023年5月以降は、デリバリー減少の流れはさらに進むと見込まれます。飲食店に足を運ぶという以前のスタイルへの回帰は、今後いっそう進んでいくことでしょう。

もともとひとり暮らしの「孤独」や「無縁」の寂しさを感じている人にとって、どれだけ美味しいものが自宅に届けられても、埋められない想いがあるということかもしれません。だからこそ、リアルな食の空間が必要なのです。今や美味しいのが当たり前の時代、「美味しいものを食べたい」よりも、「孤独がイヤ、人を感じたい」という感情のほうが勝るのかもしれません。人とつながる空間に身を置くことの大切さ。フードデリバリーの便利さよりももっと大事な想いを、私たちは見直すことになったように感じるのです。

ENGAGEMENT DESIGN

04

見直されたもの②

飲食店がワークスペースとして選ばれる時代になった

▼通信インフラの充実が、新たな「居場所」を生んだ

以前からその傾向はありましたが、コロナ禍を経た今、「サードプレイス」という居場所が尊重され始めています。自宅と職場以外でリラックスできる第三の居場所、というこの概念は、スターバックスコーヒーが提唱してきたものです。時代ごとの空気をつぶさに感じ取りつつ、ライフスタイルの変化にまで影響を与えてきたカフェ文化のひとつだと思います。

コロナ禍を経てサードプレイスが再注目されているのは、Wi-Fi環境などのインフラが整備されてデバイスも充実し、仕事内容もオフィス以外でできるものが増えたからでしょう。サードプレイスで仕事をこなせる環境が整ってきたことで、多く

の会社がリモートワークなどを働き方の選択肢として取り入れています。

今までは家か会社の2つしか居場所がなかった人たちも、別の場所で仕事をすることで頭が切り替わって、仕事の能率が高まるケースも多いようです。飲食店をワークスペースとして利用する人が増えているのには、そんな背景があります。カフェなどはまさにそうですし、ファストフード店も同様です。飲食店の側も、サードプレイスを念頭に置いた店づくりを考えることが選択肢のひとつになってきたわけです。

飲食店をワークスペースにすることのメリット、きっとそれは日常と切り替えられる雰囲気でしょう。人の声があるにぎやかな空間で仕事をするほうが好きという人もいれば、物音のしない静かな空間でなければ能率が上がらないという人もいます。カフェ店舗のタイプも千差万別で、各々の好みに応じた多彩なカラーを有しています。

人それぞれ好みは違うものの、「不思議とこの店っていいよね」「なんだか分からないけど、居心地が良い」と思えるようなお店ってあるものです。人を感じる距離感が自分に合っていることが、自然とそんな気持ちにさせてくれるのだと思います。

ENGAGEMENT DESIGN

05

新たに増えたもの

「自分物語を演じる希少な舞台」という新しいニーズ

▼SNSは「架空の自分」をつくり上げるツール？

これまで、飲食店という場所が持つ「変わらないもの」と「見直されたもの」を見てきましたが、「増えたもの」もあります。これまでも触れてきましたが、その代表的なものが、SNSの登場です。ここであらためて、今の飲食店とSNSとの関係性について書いてみましょう。

飲食店はもともと、身近な関係の人と出かけたり、1人で足を運んで食事やその雰囲気を楽しんだりする場所でした。そうした飲食店の日常の使い方に加え、SNS全盛の今、新たに増えたのが「自分をどう見せるか」という、理想の自分を描いてセルフプロデュースし発信することです。

ＳＮＳは、実際の自分とは違う、いわば架空の自分をつくり上げるツールでもあるわけで、たくさんの人がInstagramやＸ、Facebookに映るモノやコト、周りの空間といった自分以外のファクターを上手に取り込み、「自分物語」を演じるための舞台にしています。そして飲食店は、その役割の一旦を担っていると言えるでしょう。画像や写真、動画に言葉を載せて表現するＳＮＳ上において、飲食店という場所はとても使いやすく、舞台として適しています。つまり、飲食店は自分を演じるための背景であり舞台なのです。

かつては、訪れたお客さんが外向けに「自分を発信する」という機会も手段もありませんでした。それがＳＮＳによって可能になり、人々はそのための舞台を探して選ぶようになりました。どんな場所を選ぶかはまさに千差万別。自分が演じたいものに合った飲食店を選べばＯＫ。選択肢は無数にあります。

たとえばゴージャスでセレブリティな自分を演出したいと思えば、そういうお店をチョイスすればいい。料理なども高価なものを背景として使えばいいでしょう。「自分はいつも高級なものを食べているわけじゃない、庶民的な生活もしているのだ」というブランディングだって可能です。有名人やセレブが大衆向けの居酒屋さんやガード下の焼き鳥屋さんに行っていたら逆に親しみが湧きませんか？

そのときの自分好みのお店に行って、それぞれのお店のシチュエーションに合わせて発信する。これは明らかに、飲食店のニーズとして明確に増えたものであり、舞台に立つ「演者」にとって、選択肢はまさに無限なのです。

▼違う自分を演出する、新たなニーズをつかまえることが大切

なぜ、自分を表現する舞台として飲食店がいいのか。それは、もっとも日常を映しやすいからです。食は人の生活とは切っても切り離せないものですから、みんな一様に興味があります。だから見た人の共感が得られやすく、記憶に素早く、深く残りやすいと言えます。飲食店はその人のパーソナリティやステータスを表すものとして、イメージをリンクさせやすいのです。

振り返れば、SNSがなかった時代も似たようなことは考えられてきました。セルフプロデュースのために、恋人を連れていくときはちょっと背伸びして高級店を選んだでしょうし、あえて等身大の自分を見せたければ手ごろな居酒屋を選んだことでしょう。でも今はそうしたプロデュースを、SNSを通じて世の中の不特定多

数の人に向けて簡単に行えるようになりました。

このことは、飲食店の側にとって、きわめて大きな意味を持つものです。新しい、これまでの自分とは違う自分を演出するために、飲食店を使う。そのニーズをつかまえることが、これからの飲食店には不可欠なのです。

とはいえ、そうした「演者」になる中で、人々がたくさんのストレスや心の疲労を重ねているのもまた事実でしょう。違った自分、背伸びした自分を、姿の見えない社会に向かって発信するのは心に負担を強いるものです。毎回新しいネタを探していくのに疲弊し、SNS疲れを感じている人も少なくありません。発信すること自体がストレスになるけれど、継続していかなければ周りとつながっていけないという不安のほうが大きいという現実にも苦しんでいます。

そこに限界を感じ、「SNSよりもう、リアルに人とつながりたい」との想いに変わりつつあるのがまた、現代だと思うのです。だからといって、つながりがすべてリアルに戻るかといえば、そうではありません。つまりは、使い分けです。SNSでつながっている人と、リアルでつながって親身なつきあいをしている人とは別。自分を演じるSNSだけだと疲れるから、本当の自分を知っている人とリアルでつながる場所があることで、心の安定や解放感を得られ、リセットすることができます。

こうした「つながる」と「ツナガル」という二面性を踏まえ、訪れる人の「本物」と「演者」という使い分けに応える空間を用意することが、今の飲食店には求められています。それが、新しい「人と人がつながるデザイン」が必要な、飲食店の「ニューノーマル時代」であることを、ぜひ認識してほしいと思います。

※ニューノーマル……社会に大きな変化が起こり、変化が起こる以前と同じ姿に戻ることなく、新たな常識が定着すること。

ENDAGEMENT DESIGN

06

飲食店が叶える「ニューノーマル時代の4大欲求」とは？

▼これからの「新しい当たり前」を考えよう

「ニューノーマル（New Normal）」とは、これからの「新しい当たり前」ということです。この言葉が頻繁に聞かれるようになった時期、飲食業界はまさに荒波の真っただ中にありました。ソーシャルディスタンスやテレワークといった「新しい生活様式」なるものが定着することは、飲食業界にとっての逆風を意味するものだったからです。

ニューノーマルという言葉に象徴されるコロナ禍に直面して、飲食業界の苦境が連日大きなニュースとして取り上げられましたが、私はそれよりずっと以前から、この業界はすでに「ニューノーマル時代」を迎えている……と感じていました。

インターネット社会による「無縁」の拡大、スマホとSNSの普及による新たな「ツナガリ」の出現――そうした要素を背景にした飲食店の新しいありようを、私たちは「これからの当たり前」として考えていかなくてはなりません。そのための大切な要素として、私は次の４つが挙げられると考え、「ニューノーマル時代の４大欲求」として位置付けています。

①出会い
②映え
③自己回復
④居場所

次から順を追って説明していきたいと思います。

▼ニューノーマル時代の４大欲求① 出会い

これまでの飲食店での「出会い」となる人のつながりは、左ページの図のようなものでした。

そこに新たな出会いの広がりをもたらしたのが、SNSというツールです。もちろん、お店からの発信もあれば、お客さんからの発信もあります。つまり、お店が発信する出会い、お客さんが外に向けて発信する出会い——飲食店は、そうした多岐にわたる人のつながりが生まれる場になったのです。

あらゆる出会いが起こり得ることを想定しながら、店舗のデザインを考える。それがお店の繁盛につながるという事実を頭に入れておくことが大切です。

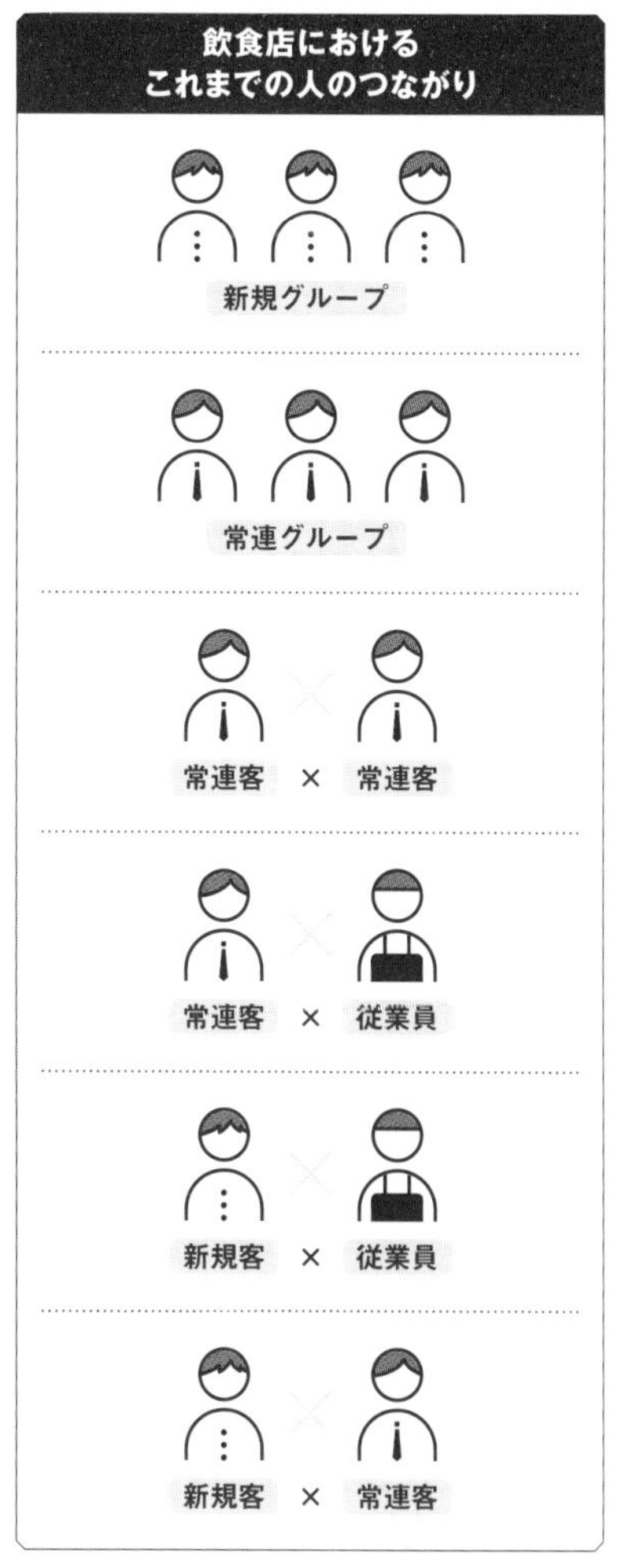

▼ニューノーマル時代の4大欲求②
映え

SNS全盛の今、いかに「映える」空間デザインにするかはきわめて重要な要素です。ひとえに「映え」と言っても、そこにはいろいろな要素があります。空間映え、料理映え、ラグジュアリー映え、大衆映え、エモ映え、美味しさ映えetc.——SNSによる発信を意識したそれぞれ表現の仕方によって、クローズアップされるものは変わってきます。

空間映えは、店舗内の雰囲気をどう醸し出すか。家具や色彩など、店ならではのこだわりを発信。料理映えは、訴求したいメニューの画像を発信することで、料理に興味を持ってもらうことを狙います。

ラグジュアリー映えは、海外のセレブ感のある見せ方にすること。大衆映えはその逆で、たとえばドレスを着てあえて大衆的な居酒屋に行くなどギャップを創り出す方法です。

エモ映えは、料理や背景に自分の笑顔を掛け合わせるなどのエモーショナルな訴求。美味しさ映えは、料理を見せることなく表情などから美味しさを表現して伝える方法です。

こうした「映え」要素について、自分の店を表現する個性として位置付けながら、ニーズとターゲットを明確にした上で、ふさわしいものをチョイスするのが戦略です。ただし、映えばかりを優先して、お店の個性がそれにマッチしていないのはNG。お店にとっては一種のブランディングである以上、映え要素に沿った店づくりや、集客の方向性とリンクさせなければいけません。

▼ニューノーマル時代の4大欲求③

自己回復

最近の「SNS疲れ」について説明したように、人は等身大以上の自分を発信し続けると次第に疲れてしまいます。自身のアイデンティティを保つために、自分だけが知っているお店でくつろぐ時間も必要でしょう。息抜きのためのリセット時間、そうしたニーズに応えるためのお店づくりもまた、選択肢のひとつになっていきます。

言い換えれば、SNSや映えばかりを意識したお店づくりではなく、こうしたリアルのリセットができるお店も求められるということです。

たとえば、メンバーシップ制だったりカウンター席だけの造りだったり、1人予約もOKだったりするお店。気の置けないマスターとの会話を楽しむのも良いでしょうし、1人席に座って誰も話し相手はいなくても、周囲になんとなく人の存在を感じることが安心感につながる空間だってニーズはあるでしょう。そうした居心地を提供するのも飲食店の役割。孤独を感じずに1人になれる場所は、貴重な存在だと言えるでしょう。

▼ニューノーマル時代の4大欲求④

居場所

リアルとバーチャルの「二面性」を上手に使い分ける今の人たちにフィットしたお店づくりが大事であることは、これまで説明してきた通りです。

その使い分けと居場所とを上手にリンクさせているのが今のスタンダードです。たとえば自己表現できる場所や、癒やされてリセットできる場所、さらには自分時間を保てる場所や心が帰れる場所、多機能的に利用できる場所など、さまざまな居場所が求められているのです。

お店選び、つまりは居場所選びの目的が明確になっている中で、お店側は多様化したニーズのどこに自分の店を合わせていくかを強く意識しながら、空間デザインを考えていく必要があります。

先日、ある若い女性がX（旧Twitter）で、「1人がいい、でも1人はイヤだ」とつぶやいていた……という話を聞きました。

居場所というものは、心の中の精神安定剤として存在しているのかもしれません。いろいろな欲求がある中で、それを満たすために人は飲食店に行く。この女性には、1人でもいいから、そこに行くとなんだか心が癒やされ、ほっとする居場所が必要なのだと思います。

居場所のリクエストはさまざまありますが、基本的に飲食店はそういう気持ちにさせてくれる場所であってほしいと思います。

これからの「ニューノーマル時代」の4つの欲求を叶えてくれる場所として、飲食店はさまざまな役割を新たに担っています。

けれども、これから先もきっと変わらないものがあります。震災やコロナ……どんなことがあっても、やっぱり人は飲食という居場所を求めて再び集まるということ。何があっても、飲食店は、人間が生きていく上での原風景になり得る場所です。

ＳＮＳというニューノーマル時代の象徴に接する中でも、最終的に私たちに必要なのは、原風景の居場所である、リアルな食の空間です。

「心のつながり」を求めて集まることで、生きていることを実感する。その舞台をつくるためのメソッド「エンゲージ・デザイン」については、次の章で説明したいと思います。

CHAPTER

2

新しいニーズをつかんで繁盛する つながる空間デザインの6原則

01

繁盛とは、安定した来客によって永く栄え続けること

▼「ニューノーマル時代に求められる空間づくり」とは？

飲食店が対応していくべき、「ニューノーマル」の姿についてこれまで説明してきましたが、では実際に「繁盛するお店のデザイン」とはどのようなものでしょうか。私はこれまで、空間デザイナーとして数々の飲食店のデザインを手掛けてきて、集客に苦戦する多くのお店のV字回復をサポートしてきました。そこで活用してきたオリジナルメソッドが、私の「エンゲージ・デザイン6原則〈新繁盛デザイン〉」です。

なにも難しい法則を語ろうというのではありません。これからの時代は、CHAPTER1で書いたような「ニューノーマル時代に求められる空間づくり」が必要であり、店舗デザインを変えることによって本当の「繁盛」が実現できます。

ここで言う繁盛とは、単ににぎわい栄えることではありません。私の考える繁盛とは、長期的に安定した来客によって継続的に栄えること。最大瞬間風速的なヒットや集客は繁盛とは言えず、刹那的なにぎわいを得ることに大きな意味はありません。それが私の考える繁盛の、もっとも重視したい部分です。

そのためには、その場所を「心地良い空間」と認めてくれる常連客をつくるのはもちろん、新しいお客さんを呼び込み、人と人のつながりを絶えずお店に生み出していくことが必要です。足を運んでくれる人にとって、その空間のまとう空気が特別なものになるよう、人の心に響くようなデザインを施していく。それが、私にとっての「繁盛デザイン」なのです。

▼世の中には、「なぜか集まりたくなるお店」がある

繁盛店になるには、必然的に人と人とのつながりや、心のつながりが必要です。そして、それが生まれる店こそが永く生き続けます。

私はこの業界に入って27年になりますが、振り返ってみればはじめの10年は、こうした部分の重要性にあまり気がついていませんでした。店舗の設計やデザインに

関わる中で、漠然と「何かが足りない……」という想いはあったのですが、その中身が何なのか姿が見えませんでした。

もともとお店のデザインや設計というのは、トレンドを意識した見た目の良さを重視して依頼されるケースも多くあります。けれど飲食店の数も増え、その中で差別化を図りながら新しいものを生み出そうとしても、「見た目」へのこだわりだけでは限界があります。店舗の数が増えて競争が高まれば高まるほど、自らの個性をどう打ち出していいのか分からなくなり、悩みが深まるオーナーさんが増えていきました。そうした中で、私自身、ある気づきを得ることになりました。

世の中には、「なぜか集まりたくなるお店」がある。見た目の差別化や魅力付けは大事かもしれないけれど、お店をつくっていく上で、もっと意識していくべき大事なものがあるのではないか——。

その場所に行けば、出会いやつながり、人との絆のようなものが、なんとなく得られるような気がする。そんな特別な空気感を宿す空間が、人が集まりたくなるお店なのではないだろうか……。そう考えたことから、「人と人がつながるデザイン」への想いが募っていきました。そんな私がこれまで大事にしてきた「つながるデザイン」の基本的な考えをここからはご紹介していきます。

ENGAGEMENT DESIGN

02

新しいニーズをつかんで繁盛するつながるデザインの6原則

つながるデザインの原則① 空気をデザインする

「つながるデザイン」において大事なことは、さまざまなカタチで人と人がつながることを常にイメージしながら、それをデザインに落とし込むことです。

色、素材、家具、距離、照度、位置関係、動線と導線、看板、ディスプレイ、メニュー、サービス、食器……空間を構成するあらゆる要素の的確なバランスをデザインすることで、目的に合った店を実現でき、来店するお客さんの居心地の良さや満足度を向上させることができます。つまりは、人が人を呼び、リピートする店になるわけです。要素ごとのバランスの割合は、店舗の業態カテゴリーによって重視するものも異なりますから、それによって違いを出していきます（CHAPTER3および4を参照ください）。

1点集中でシンプルにコンセプトを表現するパターン

❶ビッグディスプレイ／シンボルツリー／どこかなつかしい光
❷あえて色調を合わせるだけでスッキリと

どちらも目の前だけではなく 視界に入るすべて＝【空気】をデザインしている

細部に関連や意図をちりばめ全体の世界観を創るパターン

❶１点物シャンデリア　❷統一性のあるアート／配置整理
❸間接照明／ディスプレイ整理　❹グリーン／生のエネルギー
❺ワイングラスシャンデリア　❻天井の無機質感　❼目の前でのカット調理

たとえば、オープンな空間でワイワイガヤガヤ楽しむような大衆的な居酒屋の中で、あまりに照度の低い、暗い雰囲気を出し過ぎると人の気持ちは高まりません。またカップルにとっての居心地の良さを促すようなお店なら、隣の席との距離が近過ぎると、それが気になって居心地が悪くなってしまうでしょう。

色彩に関しても、明るいイメージで食事をしてもらう形態の場合と、ダークトーンで全体的に暗さを感じる中でゆっくりと過ごしてもらうのでは、デザインの中身はまったく違ってくるわけです。

どのようなお客さんを意識しながら、どのような空気感を醸し出していくのか。まずはそのことを明確にすることが大切です。

▼つながるデザインの原則②

はじめに行列をつくらない

開店の際にさまざまなプロモーションを行い、話題を集めて爆発的な集客を狙おうとするお店は少なくありません。誰だってオープン時は不安ですから、より多くのお客さんを集めて心理的安心感を得たいと思う気持ちはよく分かります。加えてキャッシュフローの問題もありますから、オーナーの心理は強く理解できます。

ただ、そうした話題づくりで大きな集客を図ろうとするプロモーションは、私の考えからすると間違いであろうと思います。私の経験から言えば、大きな話題づくりが成功して開店時に爆発的な集客に成功したお店は、そのあと1年か2年で撤退するケースがほとんどです。

オープンのあと、お客さんの行列ができること自体は繁盛していることの表れですから、お店にとっては喜ばしいことです。問題は、開店直後に行列ができてしまうことのリスク。基本的に、人は飽きやすい生き物ですから、もしも開店時にMAXの興味をひくことに成功してしまったら、その興味をつないでいくためのハードルがおのずと上がることになり、それを継続するための方法は相当に難しくなります。

もちろん、都心部などの人口密集地であれば、リピートを考えなくても新規のお客さんが入れ替わり立ち替わり来店してくれて、何年かはそれで維持できるかもしれません。ところが人口の絶対数が少ない郊外や地方に行くと、新規客の入れ替わりが期待できないため、数カ月かで尻すぼみになってしまうケースが本当に多いのです。

もっと言えば、息が長く続く店をつくりたいというときの足かせになってしまうとさえ私は思います。

たとえば、行列に対応するための設備投資が必要になることもありますし、慣れない状態でサービスを提供することを余儀なくされ、忙しさの中で不十分な接客に終始してしまうケースも少なくないでしょう。

するとどうなるか。顧客満足度が下がった状態でスタートすることになり、来てくれたお客さんに悪い印象を残してしまう結果になりかねません。それだけならまだしも、今はSNSによって悪評が一気に拡散されてしまう時代です。結果としてお客さんを根付かせるどころか、リピーターなど期待できず、新規のお客さんも寄り付かない、マイナスプロモーションの悪手になってしまうわけです。

開店後の費用、労力、時間などの貴重な資源はオープン当初の爆発的集客のために使うのではなく、お客さんを長く根付かせていく、本当の繁盛のために投資するほうが何倍も賢いと言えるでしょう。

当初から行列をつくることを優先させると、どうしても「旬」に左右されるトレンド店となる傾向が強く、初期のピークが高ければ高いほど短命となり、常に撤退や業態変更のリスクを抱える状態になってしまいます。

もちろん、最初から閑古鳥の状態でいいわけはありませんが、過度な行列は期待しなくてもＯＫ。他店との差別化やオリジナル性はもちろん必要ですが、初期の爆発的話題性よりも、徐々に口コミ的に広がっていく「狙わない行列」が本当の意味の行列だと私は思っています。そして、それをデザインでコントロールすることが大事なのです。

▼つながるデザインの原則③

来店目的を追求する

たとえば、何か商品を売りたいとき、相手が何を求めているかを考え、その人のニーズに合った商品を提案することが売るための近道となり、信頼関係にもつながります。

ごく当たり前の話ですが、それは飲食店も同様です。大事なのは、お客さんの「来店目的」をつかむこと。人はお店を選ぶ際にさまざまな「使い分け」をするという話をしましたが、その前に飲食店側は、お客さんの来店目的を想定するという事前の見立てがとても重要です。

つまり、どのようなお店づくりをしていきたいかというオーナー側の主観ではなく、どのような来店目的を満たすお店にすれば繁盛店につながるか……という客観的な「逆の立場で考える思考」が大切だということ。お店側からの一方的な視点で「つくりたい店をつくる」といった自己満足は危険なのです。

事前の見立てをする際は、必ずマーケティングリサーチを行うこと。「つながるデザイン」をどのターゲットに合わせて計画するか、絞り込みや周辺調査は必須です。リサーチ結果に基づいたお店づくりだけが、繁盛店への道だと言えるでしょう。

それが分かっていてもなお、繁盛店への道に立ちはだかるのが店主やオーナーさんの「こだわり」です。どのオーナーさんも念願のお店をオープンするわけですから、お店づくりにはさまざまな想いがあり、自分ならではのコンセプトもお持ちでしょう。「自分なりのこだわり」を存分に活かした城を持ちたい……そう考えるのは当然だと思います。

けれども、そこでちょっと待ってほしいのです。

私は空間デザインを提供する際に、事前のリサーチ結果から見立てたお客さんの来店目的に100%応えたいと思っています。とはいえ、いくらお客さんの来店目的に沿わない意向でもオーナーさんを無視するわけにもいきません。そんなとき私は、30%まではオーナーさんの「自分のつくりたい店」という自己満足をくみ取ってデザインするようにしています。それ以上取り込んでしまうと、エリアの競合店に勝っていけないからです。

　自らの世界観を１００％投影したお店を持ちたいのは、オーナーになる人誰もが考えることだと思いますし、飲食業を愛し、こだわりの強い人ほどそうした想いが強いかもしれません。けれども、大事なのはお客さんの来店目的に準じた店づくりなのです。

「マーケティングリサーチ」と聞くと、「でも高額なのでしょう？」と思われるかもしれません。けれど、なにもマーケティング会社に依頼する必要は必ずしもありません。**そのロケーションに自ら立ち、周りの店舗やエリアの特性などを見て回ることこそが、来店目的を追求するためのマーケティングリサーチになる**からです。オーナー自身はもちろん、スタッフも一緒にエリアに足を運んで材料を集めることが、その場所で繁盛店をつくっていくための血となり肉となります。そうした作業に労を惜しまないことが大切です。

　どの年齢層のどのような関係性の人たちが、どのような飲食店の顧客になっているのか。どのような目的を持って、そのお店に来ているのかを自分の目や肌で感じてみてください。専門的な視点など持たなくても、自分がお客さんになった立場で構いません。その街や周辺の人の動きを見た上で、実際のお店の中にいるお客さんの属性をしっかり把握していきましょう。それを毎日繰り返しながら自分の頭にインプットしていくことで、何かの特徴や傾向が感じられると思います。

食事をとる店が多い場所でバーを出したいのなら、営業時間を遅めにしたほうが良いでしょう。逆に食事のできる店が少なかったとしたら、フードもしっかり楽しめるメニューを盛り込み、食事で客単価の取れるお店にすることを考えたほうが良いでしょう。得られた情報をもとに、どのような店づくりにするかは考え方次第です。しかし、そのための材料をそろえることがまずは大切です。

▼つながるデザインの原則④

SNSを自動広報システムとして活用する

スマホが登場するまで、飲食店のインターネット上のPRは、自店舗のホームページや飲食系ポータルサイトによるものが主流でした。つまり基本的には「待ち」の状態だったのです。しかし、SNSの浸透で今や状況は大きく変わりました。

「新鮮な◯◯が入荷しました！」とスタッフが載せた写真がすぐに拡散され、「いま席が空いていますよ」という情報がリアルタイムでお客さんのもとに届いていく。

高画質で加工も簡単なスマホ端末の進化は店舗のＰＲにとっての有効な武器となり、いつでもどこでも誰でも簡単に、「自店の今」を発信できる時代になっています。

お店からの発信だけでなく、お店に来るお客さんに、広くＳＮＳで発信してもらうことも大事な要素です。つまり来店した人が「どう感じるか」、発信された画像が「どう映るか」……その両方の好感度が高くなるよう促していくデザインシミュレーションが、今後はより重要になってきます。

そう考えると、今やＳＮＳは、お店にとっての〝自動広報システム〟とも言えるでしょう。メニューや店内をプロのカメラマンに美しく撮ってもらい、それをホームページや情報サイトに流していた時代から、一般のお客さんがその場で撮った画像を情報として流し、リアルな瞬間として共有していく時代へと変わったわけです。

お店で人とリアルにつながっていなくても、お客さんたちは「今、自分がいる場所」での出来事をＳＮＳで発信することによって、そこに来ていない人とも空間を超えてつながっています。前述したように、ＳＮＳは飲食店を舞台に「ツナガル」ツールなのです。こうした自動広報システムとしてのＳＮＳの機能が当たり前になった今、活用しない手はないでしょう。

レアな情報をどう発信して効果的なプロモーションに結びつけるかという施策は、ＳＮＳマーケティングに長けた専門業者が数多くいますから彼らに委ねるとして、私の立場で言えば、ＳＮＳによる拡散を促していくために必要なデザインとは何か――このことがテーマの中心になってきます。

たとえば料理自体の見映えにしてもそうですし、背景の映り込みを意識した造りやしつらえを店内に用意しておくこともそうでしょう。Instagramや×に乗せて発信したくなるような工夫――いわゆる**「映えスポット」や「映えポイント」を空間デザインの中に施しておく**ことを考えるわけです。

店内の一角をそうしたコーナーとして使えるようにしたり、トータルコーディネートの中で、たとえば一面の壁だけ「映え」に使えるようなものとして工夫を加えたり。すべてに力を入れる投資コストが見込めない場合は、１カ所集中でコストをかけることも可能です。

または料理中の臨場感を演出として動画で見せたり、名物メニューがある場合は、商品画像やフレーズ化した謳い文句を遊び心ある見せ方で表現しても良いでしょう。デザインは１００店舗あれば１００通りのものがあり、使う素材や色も千差万別です。

アートや壁の見せ方

多くのお店で必ず目に入る部分として客席の壁が存在します。大きな面積を占めるケースが多く、オリジナル性のある店づくりのポイントになります。

背景として印象に残る
「あの店だ」狙い

完全にふさがずに
見える部分を
残すことで
閉塞感減少!

ワイン木箱を壁に。
店=商品→関連性
が生まれる

さらに付け加えるなら、ＳＮＳを活用した情報発信や店作りについての検討を、必ずしも店長やオーナーなどの幹部やマネージャーが無理して行う必要はありません。飲食店の運営経験や特別のスキルがまったく必要ない部分ですから、Ｚ世代の新人やアルバイトなどに任せても構わないのです。ＳＮＳが生活の一部以上になっている彼ら彼女たちにどんどん前に出てもらい、ＳＮＳマーケティングの運営を取り仕切ってもらうくらいの思い切ったことをしても良いと思います。

つながるデザインの原則⑤

差別化よりも新習慣に対応する

世の中の飲食店は、これまでさまざまな業態で差別化とモデルチェンジを繰り返してきました。社会のトレンドを見極めながら、時代の先端にマッチした差別化要素を店の個性として位置付けるのは、一見するとヒットを生む手法として効果的なものに感じるかもしれません。

けれども、この章の冒頭で述べた「永く繁盛する」ための方法としては、それは少しリスキーです。より新しいオリジナル性での差別化に固執すると、特徴が突出し過ぎた「トレンド店」となりかねません。話題性ばかりが先行してしまい、一過性の流行で終わってしまう店になるリスクがあるわけです。

そうではなく、たくさんの選択肢や目的に合った「使い分け」が簡単にできる時代だからこそ、それに見合った〝日常使い〟や〝リピート〟を促していけるかどうかが、繁盛店をつくっていくためのカギになります。トレンドや差別化要素を重視して話題を集め、集客を図る……これはお店側を主体にした論理であり、あくまでも店舗軸での発想です。

みんながふだんの生活の中でやっていることが、お店の中でも普通にできる——そうした生活習慣にマッチした店づくりが、ことさら個性だけを際立たせる店づくりよりも、むしろ大事だと思うのです。お客さんへの押し付けではなく、お客さん目線に立ち、彼ら彼女たちの習慣に合ったつながりを、お店でもつくれるようにしてあげること。あくまでもお客さん軸での思考に合わせるスタンスが大事だと言えます。

コロナ禍を契機に、従来のライフスタイルの変化の速度に拍車がかかりました。新たな生活様式や価値観が生まれ、お客さんがお店に求めるものも目まぐるしく変化していっています。

大事なのは、話題性につられたお客さんが来店し、「なるほどね……」で終わってしまう一過性の関係性ではなく、**自分の店を長く日常使いしてもらえるかどうか**。そのための、時代に合った新習慣への対応を店舗デザインに取り入れていくことなのです。その際に留意すべき、新しい習慣への対応には、たとえば次のようなものが考えられます。

①リアルで会う機会の見直し

コロナ禍を経て、逆にリアルに人と会う大切さが見直されてきました。たとえばオンラインで会っていた人と久しぶりに対面でごはんを食べると、「やっぱりリアルで会うと違うよね」といった言葉が自然に出ます。相手の温度感や、醸し出す空気感で、人とのつながりや一体感を実感できるからだと思います。

②SNSでの広がり

お店からの発信だけではなく、お店に来るお客さんにSNSで発信してもらうことも大切。前項でも説明した、ＳＮＳによる「映え」要素を店内に施していくことは大きな武器になり得ます。

③リモートワークへの対応

店内の各席にコンセントを設けるほか、Wi-Fiを整備してＰＣなどの使用ができるようにします。カフェだけでコワーキングスペースとして完結できるような工夫を施すことが求められます。

④デリバリーシステムの確立と広がり

今やほとんどの飲食店にフードデリバリーの仕組みが導入されつつあります。コロナ禍が落ち着いたことで利用の頻度は減りましたが、テイクアウトのいっそうの充実も含めて、デザインとして考慮すべき大事な要素ですし、メニューとして名物を作ることにもつながります。

⑤ちょいのみ昼飲みプラン

たとえば居酒屋が昼から営業するという考え方はこれまではあまりなかったことです。昼間の時間帯に営業時間を広げることで、たとえば主婦層へのランチの提供など、新しいお客さんの発掘やつながりが生まれました。

⑥小規模パーティーへの対応

以前のような大規模なパーティーよりも、近場の5～6人や10名程度のプチパーティーを開催することが新たなニーズとして一般化しました。それに応えるためのプランの提供など、新たな習慣に対応する空間デザインが必要になります。

このような「新習慣への対応」が今後の飲食店には求められ、永く続くトレンドのつかみ方としても大切な要素となってきます。

大事なのは、横ばかりを見るのではなく、前を見ること。他店との比較ばかりを考えた差別化要素でなく、お客さんが求める新たな習慣に応えるための店づくりを考えていきましょう。

▼つながるデザインの原則⑥

ローコスト・ハイイメージを意識する（出店者コスパ×来店者コスパ）

店舗づくりを進めていく上で、無視できない大事な事柄が、コストの問題です。オーバーコストになってしまうと、提供する商品の価格に影響が出ますし、おのずと常連のお客さんがつきにくくなります。ですからお店をつくる段階で、オーバーコストにならないラインがどこまでなのかを見極めておかなければなりません。

たとえばオープンの際、お店の設計・デザインについて考えていたことをすべて反映させようとしたら5000万円かかるというとき――実際の事業計画で見込んでいたのは3000万円だとしたらどうでしょうか。

自分のやりたい内容に固執して、無理をして5000万円かけてしまったら、回収するために開店後のキャッシュフロー計画の変更を余儀なくされ、商品単価の変更やさまざまな運営面での経費カットにつながることが予想されます。おのずと顧客満足度は低下し、その先どうなるかは説明するまでもないでしょう。

オーナーの要望に沿ってさまざまな付加価値を高めていく上で、計画内のコストでは収まらない状況になることも、ときには起こり得ます。そんなとき、理想を求めて納得のいくものをつくるのはもちろん大事ですが、**計画とあまりにも金額に乖離があるときはきちんと〝引き算〟をして、デザインの絞り込みを行う**ことが重要です。

たとえば、壁全面をタイル張りにしたいという提案を最初にした場合。確かに見た目はそのほうが全体の統一感もあり綺麗なのですが、コストとの兼ね合いで実現が難しくなることもあります。その際は、お客さんが見てもっともインパクトのある壁の一部分だけをタイル張りにして、その他は色や素材の工夫でコストを抑えたデザインにすることも可能です。

また、照明にしても、照度は当初の状態に保ちながら、コストを考えた効果的な配置を考えていく。柔軟な発想で〝絞り込み〟をすることで、見た目のイメージは保ったまま、投資コストを抑えることも十分に可能です。

最小のコストで最大のデザイン効果を実現する「ローコスト・ハイイメージデザイン」は、言い換えれば**「出店者コスパ×来店者コスパ」との兼ね合い**と言えます。つまりは「損益分岐点を考えた投資」といった意味合いですが、回収の見込めないコストはデザインの時点で削ると同時に、回収できる見込みができるだけ高くなるようなデザインにするための工夫が大切なのです。

そうしたローコスト・ハイイメージデザインをどう実現するかもデザイナーの腕の見せどころであるわけで、私の場合も、どのようにそれを実現するのかをお店の方に丁寧に説明し、必要なアドバイスを細かくお話ししていきます。だからデザインに際して、私は完成予想図を必ず起こし、お店の方に提案しています。完成形を模したイメージCGを見てもらいながらコストとの比較をしていくのです。

先述の例だと、Aプランでは全面がタイル張りになっているCG、Bプランでは壁の一部分だけがタイルになっているCGを見せ、コスト差を説明していきます。その際、Bプランでも空間デザインとしてのハイイメージデザインとして成立しているものを提案するのが大前提です。

足し算でやりたいことを積み上げていくのは、出店者=オーナーの感覚でもできますが、そこから本当に必要なものを残して引き算を行い、「出店者コスパ×来店者コスパ」が最良なポイントで交差する「ローコスト・ハイイメージデザイン」に落とし込んでいく作業はデザイナーでなければできない仕事です。

こうした投資コストと店舗イメージをどうするかは、長期的な経営を見据えた上で計画する必要があります。どのラインまでのコストであれば、オーバーコストにならないか、その見極めが重要です。そこから費用対効果を考えたデザインの絞り込みを行い、ローコストでもハイイメージに感じるデザインを導き出す必要があります。

以上、「新繁盛デザイン」としての6つの原則を紹介しました。私自身、これまで空間デザインを手掛ける中でそうしてきたように、6つの内容を常に盛り込んだお店づくりを考えることが、飲食店の「選ばれる空間デザイン」であると考えています。これは決して特別難しいことをするわけではありません。人と人とのつながりを大切に、居心地の良い空間をイメージしながらつくっていくことが「なぜか集まりたい店」にしていくための大事な要素です。そうして生まれた空間が、来てくださるお客さんの幸福感を生むことに直結し、お店にとっての集客と繁盛につながることをぜひ知ってほしいと思います。

ENGAGEMENT
DESIGN

CHAPTER

3

10万円から始められる つながる空間ザインの魔法

01

メニューや食器から調度品や内装・外装までを変える

▼身近なアイテムの改善によって空間デザインを変える

これまで、店舗の空間デザインを変えることで安定した来客を維持できる方法――繁盛店に生まれ変わる方法について説明してきました。

空間デザインを変えると聞くと、店内の雰囲気やイメージを一新することを連想する人は多いかもしれません。でもそれだけでなく、店内の空間を構成するさまざまな要素に手を入れて、人と人のつながりを生み出せることが分かってもらえたのではないかと思います。

空間デザインとは機能や動線、居心地、楽しさ、美味しさ（メニュー）、サービスといった〝ソフト〟の部分もその一部です。加えて、お店の内外の空間を構成するあらゆるもの――食器やユニフォーム、イスやテーブル、道具やツールの一つひとつもデザインに含まれます。

そして、店内レイアウトの大掛かりな変更など行わずとも、お店を構成する必須アイテムを変えるだけで印象はがらりと変えられます。内装、外装工事を含めて全体をリニューアルする予算がない場合でも、身近なものから手始めに改善をすることで売り上げを向上させていく。そうやって改装費用を積み立てた上で、大きなリノベーションをかけていくこともひとつの手法です。

▼大きなコストをかけずとも始められる工夫がある

大きな費用をかけずとも、身近なところから始めていける、ローコストで空間デザインを変えられる方法があることをぜひ知ってほしいと思います。ここからは、食器やイスやテーブルを変えることで居心地の良さを演出し、「つながるデザイン」をお店にもたらした例を紹介します。

ちょっとしたイメージのつくり方も、お店のコンセプトやイメージ、規模などによってそれぞれ違います。店のコンセプトから逸脱しないような変化を加えるようにするのはもちろん、それが空間全体を構成する大事な一要素ということを忘れず、一つひとつアレンジを加えていってほしいと思います。

「人と人のつながりニーズ」に対応した店舗デザイン——照明や仕切りのインテリア、シンボルや調理の演出、店外看板などを変えることで、「集まりたくなるお店」の心地良さや魅力の創出をぜひ実現してください。

メニューや広告向けの商品映え施策

店発信のSNSなどにも
利用できる素材の準備

並べ方や皿代わりの
板でオリジナル感

広告用のメイン集合写真で
グループ飲みにアピール

プレートのシンプルさに
バランスで映え

同じ商品でも見映えが変わる例

商品の並べ方や食器を工夫するだけで
「美味しそう！」は大きく変わる

- BEFORE -

素材と同系色の器だと素材が引き立たない

- BEFORE -

- AFTER -

薬味を含めて素材が
引き立つ印象に

テーブル上の
省スペース化も考慮

- BEFORE -　　- AFTER -

見え方とボリューム感で満足感アップ
=単価アップでも満足できる商品

02

劇的に居心地が良い雰囲気をつくる照明マジック

▼照明によってお店の雰囲気は１８０度変わる

お店において照明は、雰囲気をガラリと変えてくれる効果の大きなものです。照明について、必要な明るさをテーブルの料理に当てるという機能的な部分しか考えていない方もいらっしゃいますが、当然それではデザイン性を上げて魅力あるお店をつくることにはつながりません。そういった意味では、照明を店内の効果的な演出に使えていないお店で、永続的に繁盛するところはほぼないように感じます。繰り返しになりますが照明によって、お店の雰囲気は１８０度変わります。適切な照明をしつらえなければ、「つながるデザイン」とはかけ離れたものになってしまうことをぜひ知ってください。

すでにテーブル上の料理を照らす照明が十分なら、空間演出を高める間接照明をプラスすることで劇的に雰囲気は変わります。雰囲気を伴った照明に替えることで、居心地の良い空間にアップグレードさせることができます。

▼大事なのは、「明るさ」と「色温度」のバランス

空間の雰囲気を感じる「視覚」に影響する照明は、大きく「明るさ」と「色温度」のバランスで構成されています。

明るさは「照度」で表され、単位はルクスです。ちなみに照度はＪＩＳ（日本工業規格）による基準が設けられており、飲食店では調理場やトイレ、廊下などのさまざまな場所に基準が適応されています。たとえば、調理場＝５００ルクス、トイレ＝２００ルクス、廊下＝１００ルクスなどです。

一方、「色温度」とは雰囲気を醸し出すために重要な照明の要素のこと。単位はケルビンで表され、ケルビンの値が低いと赤みが強くなり、高いと白から青色に近い色合いになります。空間の心地良さをつくるには、このことを考慮したデザインが不可欠です。

ちなみに、人間がこれまで使ってきたロウソクやたいまつは、自然のあたたかい

色合いです。一般的に、この赤みを帯びたやわらかい色合いが、居心地の良さを演出する「電球色」として飲食店に適した色温度とされています。具体的な値で言えば、２７００ケルビンと表記され、さらに演出効果を増幅させるために調光コントロールで明るさを調整します。

▼お店の心地良さを演出できる照明を自らアレンジする

店舗用の照明機材は、インテリアコーディネーターなどの専門業者に依頼しなくても、最近は家電量販店などでバラエティに富んだものが多数販売されています。足を運んで、お店の心地良さを演出できる照明をご自身で探してみると良いでしょう。

コンセントにつなげばすぐに使えるものも多く、手軽に雰囲気づくりに一役買ってくれますから、自店ならではの心地良い空間をイメージしながら、お店のテイストに合ったデザインを選んでほしいと思います。

03 店内にシンボルツリー設置で印象に残るアイコン化

▼緑の持つ生のエネルギーが人の気持ちを前向きにする

お店の空間の基本構成である、「床」「壁」「天井」の変更は、内装業者に頼まなければ基本的には難しく、自分たちで変えていくことはなかなかできない領域です。けれども、そうした根幹部分を変えずとも、店内の雰囲気を大きく変えられる方法があります。それが、シンボルツリーの設置です。お客さんにとっての撮影ポイントとして、また**訪れる人の「あの○△がある店ね」的な共通認識になるほか、設置するだけでも、お店の雰囲気を変えられます**。

シンボルツリーとして、私は木や植物といった「緑」を店内に入れることを推奨しています。存在を主張し過ぎず、人の背景として自然に感じられるものとしてもっとも適しているからです。

空間の心地良さの感じ方は人それぞれですが、基本的にはゆっくりくつろげる、温もりを感じることがそれにつながるように思います。クールで無機質、何もない空間で食事するよりも、人や物の温かみを感じながら食事をするほうが美味しく感じるものです。空間の中にそういった生のエネルギーをもたらしてくれて、どのようなお店のコンセプトであってもフィットしやすいのが緑＝植物と言えます。

生のエネルギーとは書いたものの、飲食店の場合は、生の木や植物を入れると、虫がつく原因になるなど難しい点がありますから、実際に設置するのはフェイクグリーンがおすすめです。最近のフェイクグリーンはクオリティが非常に高く、単に見ただけでは生植物と見分けがつかないほどのディテールを備えています。用意しやすく、手入れも必要なく安全性が高い。それでいて、生の緑と同様の見え方、感じ方ができるのですから、シンボルツリーとしては最適と言えるのではないでしょうか。

▼お客さん共通のフレーズとして浸透させる

ディスプレイやアートを買ってきて置く場合は、注意が必要です。

ディスプレイやアートに対するオーナー個人の趣向が必ずしも店舗コンセプトに合致しているとは限りません。自分では良かれと思って置いたものが効果のまるで上がらない、それどころか、せっかくの雰囲気を台無しにしてしまうマイナスプロモーションになってしまうこともあり得ます。シンボリックに置くための小物は、オーナー個人の主義や主張に沿ったものではなく、お店のコンセプトや雰囲気に合ったもの、というのが鉄則です。

こうしたディスプレイは店内に分散させて置くよりも、シンボルツリーのようにドーンと1カ所に集約するのがおすすめ。お店の入口などの見えやすいところや、お客さんが座っている席から必ず見える場所にコストを集中させましょう。絶対的にインパクトが大きくなります。難易度は高いかもしれませんが、ディスプレイをシンボリックに設置すれば、迫力とフォトジェニックさを兼ね備えた「店の顔」をつくれます。

「あの店に行こう！」とお客さんが話すときに、「大きな木（ディスプレイ）が店の真ん中にあるお店」などと表現しながら口コミが広がれば成功。そうした共通のフレーズがお客さんの間でできていけば、今後もより多くの人に明確にインプットされていく、というわけです。

アートグリーンでシンボルを!

個性の強いディスプレイはNG。ダイナミックに立体的に。
あらゆる空間にマッチするアートグリーンはアレンジ次第で効果大。

自然を感じる
大きなグリーンを
家具と絡めて配置。
ただ置くだけではない
オリジナル性を!

流木を利用した大型
シャンデリアを製作。
1カ所でも
圧倒的存在感

- BEFORE -

- AFTER -

和バルというテーマがあったため、
和を感じる照明を絡めたディスプレイで
全体の印象を変えた

ENGAGEMENT DESIGN 04

シズル感を演出する「5つの武器」で、体で感じる美味しさを

▼人やモノの演出によって創り出す〝空間デザイン〟

飲食店の雰囲気で大事にしたい要素のひとつである「シズル感」。もともと広告に使う料理写真において、現場で感じる〝みずみずしさ〟を表す言葉として使われたものです。さらに「シズル」の語源は、肉を焼くときに聞こえてくる「ジュージュー」という音を表した〝sizzle〟という英語の擬音語です。

つまり、料理が出来上がる臨場感や、その場の雰囲気をリアルに表すものが「シズル感」というわけです。これを店内からふんだんに感じ取ることができれば、それだけでお店の魅力を伝える演出となり、つながる空間としてのデザインに昇華させられます。大きな費用をかけることなく、ちょっとした工夫で表現できるのも魅力です。

シズル感を感じながら楽しんでもらう演出方法には、さまざまなものがあります。私はその代表的なものとして、五感を刺激する「5つの武器」があると思っています。

①目の前での調理演出……オープンキッチン
②調理する人の所作……プロの手さばき
③出来立て感……肉汁／チーズ／トリュフ
④立ち昇る炎や煙……オイル＆ファイヤー
⑤BGM＋臨場感……音楽と調理音の調和

順を追って説明していきましょう。

①目の前での調理演出

客席から見通せるオープンキッチンは、厨房内での人の動きや熱を感じられるのが魅力。オーダーから手元に提供されるまでの時間を退屈させない点や、見えるところで手作りしている安心感にもつながる効果、出来立ての料理が届くワクワク感も期待できる王道演出です。

②調理する人の所作

寿司店や鉄板焼き店などに代表される目の前で手元の作業が見える演出は、さらなる効果が見込めます。華麗な手さばきを見せ、食材の鮮度を感じてもらうことは、貴重な体験の提供につながるからです。「こんなに素晴らしい食材でプロが調理している」という特別感。これは、高単価でもお客さんが納得してくれる演出にもなり得ます。

③出来立て感

肉汁を見せる演出は、出来立ての美味しさをリアルに表現してくれます。目の前で調理するようなら、わざと肉汁が見えるようにカットしたいところです。同じように、最終的にテーブルで仕上げる演出——チーズやトリュフなどを大量に削りかけたり添えたりする演出は、お客さんとのコミュニケーションも生まれる効果的な手法です。

④立ち昇る炎や煙

フランベや藁（わら）焼きなどで見られる立ち昇る炎は、一瞬の燃え上がりでも目を引くダイナミックさがあります。調理としての効果はまた別として、あえて大きくファイアさせるなどの遊び心あるサービスは、お客さんを飽きさせない演出だと言えるでしょう。

⑤ＢＧＭ＋臨場感

純粋に雰囲気をつくるＢＧＭだけでなく、店内ではお客さんやスタッフの声、フライパンとトングなど調理器具が触れ合う音、食材がジュージューと焼かれる音など、さまざまな音が混在しています。耳で感じるこれらすべてが飲食店の醍醐味だと意識することが大切です。

目の前で調理する演出でシズル感

**オープンキッチンのメリットを最大限に活用。
五感で感じる「美味しさ」「興味」を最大限に。**

目の前で見る炎や
所作の一つひとつ、
香り、音などすべてが
ここでしか
感じられない特別感

人材不足の影響で魅せる調理スタッフが不在でも、
演出用機材や調理器具でシズル感は提供可能。

魅せる機材や器具は
演出として積極的に
見せる

焚き火を見るような落ち着きを感じる炎の「ゆらぎ」。
水蒸気や、エタノールを使用した
演出用機材も存在しています

▼「五感」に訴えかけて生み出す特別な臨場感

シズル感の演出は、お客さんの「五感」に訴えかけ、臨場感を増すことで特別な居心地を生み出していく方法です。

味覚はもちろん、視覚や聴覚、嗅覚や触覚を刺激することで、それを感じた人に心地良い記憶を刻み込むことができます。これは、次に来店する動機として必要十分だと言えますし、自分がオーダーしているメニュー以外でもさらに追加したくなったりと、単価アップにもつながることが期待できます。

ただ、オイル焼きや藁焼きに代表されるような炎や煙を使った演出効果は、各行政機関の条例、保健所許可、消防確認などのルールに基づいた上で行う必要があります。思いつきでの導入は避け、こうした法令に関するチェックもぜひ忘れないようにしましょう。

ENGAGEMENT DESIGN

05 開放空間とセミ個室空間をフレキシブルにつくる「可動スクリーン」

▼暖簾やブラインドで視界をコントロールする「可動スクリーンタイプ」

店内空間の間取りや仕切りは固定のもので、いざ変更しようとするとリノベーションの工事が必要だと思っている方もいるかもしれません。けれど工事をせずとも、お店の空間はフレキシブルに変えられます。それを可能にするのが、「可動スクリーン」を活用する方法です。

可動スクリーンは、大きく分けて2つのタイプがあります。いずれも「後施工」が可能なもので、空間づくりのコンセプトに合わせて柔軟にデザインを変えられます。

1つは、暖簾やブラインドで視界をコントロールする可動スクリーンのタイプです。

完全に仕切られた空間にはならないものの、他のお客さんと視線が合わなくなるため、個室に近い効果が得られます。

ただ、触れると揺れるものですから、隣の席とあまりに近いとお客さん同士が不快に感じるケースもあります。気になる場合は両サイドにレールなどを配して固定するなど、それぞれのお店に合った工夫をすると良いでしょう。

既製品でもサイズや色などを豊富に取りそろえた長めの暖簾やロールスクリーン、木製ブラインドなどさまざまなタイプが増えています。かなり安価に収まる方法ですから、DIYでできる手軽なアレンジとしておすすめです。

▼パネル式でしっかりと囲う「セミ個室タイプ」

もう1つは、空間の周囲をパネルで囲み、簡易な「壁」で囲まれた〝個室〟の状態にしてしまう「セミ個室タイプ」です。もちろん完全個室とは異なりますが、他のお客さんが見えない遮断された空間にできるため、しっかりとした個室感を十分に演出できます。

導入は、敷居が何もない空間にパネルを設置するだけ。パネル代わりになるものをホームセンターなどで買ってきて設置すれば、コストは最小限に抑えられます。とはいえ、パネルを固定するための柱や梁の造作が必要になるケースもありますから、そういったコスト負担や動線計画とセットで考えなくてはなりません。外したパネルの保管場所も必要です。

こういった点をクリアできれば、2～4名用や8～12名用などセミ個室空間を自在に用意することが可能になります。固定の個室では、対応可能な人数や部屋数に限りがありますが、フレキシブルに変更できることで、8人用個室に2名を入れざるを得ないなどのロスも減少します。

後施工による個室化の例

和食から洋食への改装例

- BEFORE -

- AFTER -

光の反射も
アクセントになる
洋風照明に変更

取り外し可能な
パネルで自由に
個室を作れる

洋食から和食への改装例

- BEFORE -

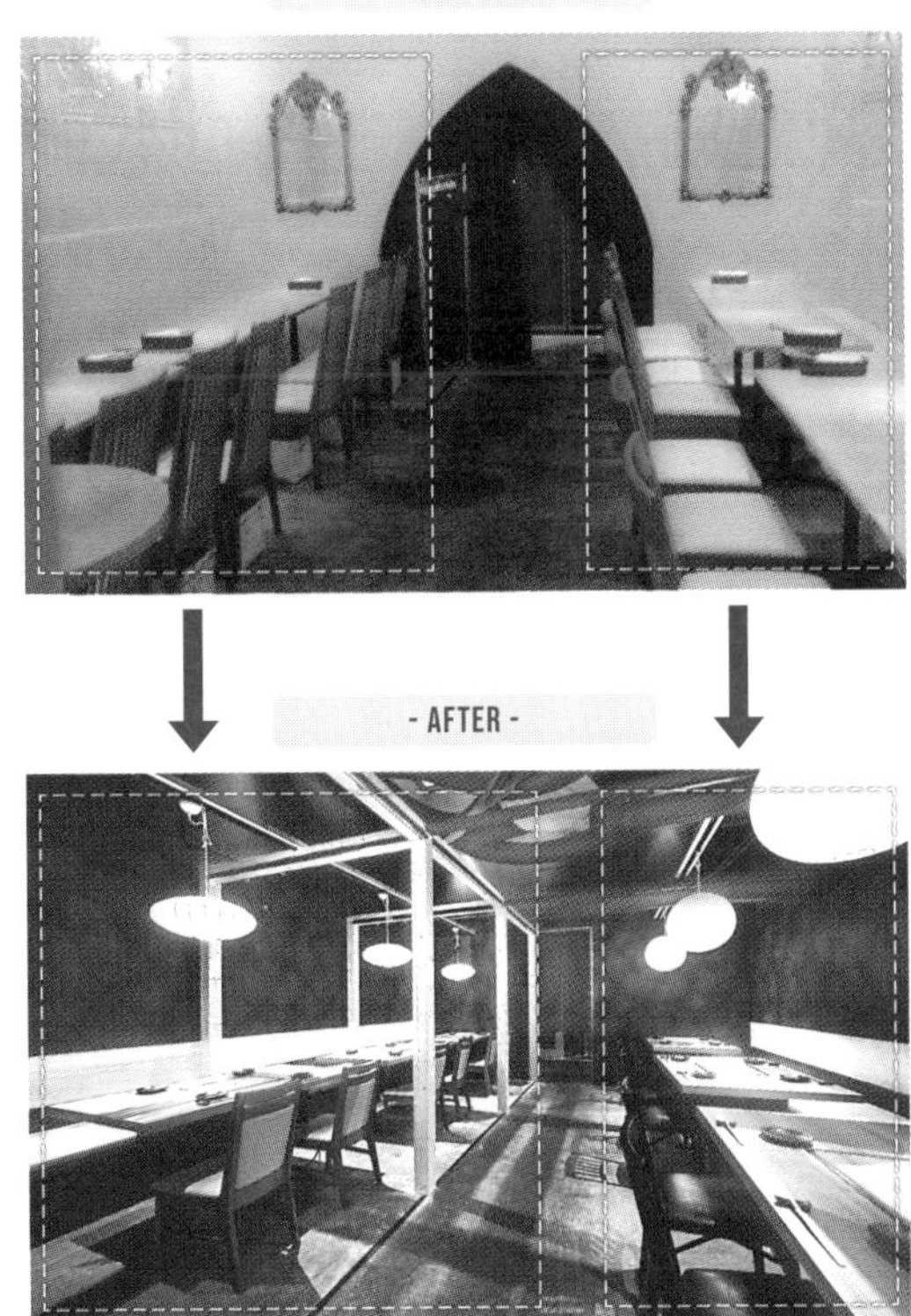

取り外しパネル

簡易スクリーン

06

アイキャッチになる「デジタルサイネージ」で新規顧客にアプローチ

▼普及率の上がるデジタルサイネージによるPR手法

これも、思いついたらすぐにできる空間デザインのアレンジです。導入の価格自体も現在は10～20万円と、ずいぶんとリーズナブルになっています。

従来、お店のPRやメニュー内容、キャンペーンなどの情報のアピールには、通常「A看板」と呼ばれる店頭ボードを使うのが主流でした。

もちろんA看板もある程度の効果が得られますが、どれも同じようなものに見えて、情報が埋没する状態に陥りがちです。一生懸命つくった看板なのに、道行く人の視界に入らない……という悲しい状況になっているケースは少なくありません。

また、表示すべきメニュー内容や金額などが変わったりすると、変更や差し替えがやや面倒だったりします。取り急ぎ紙を貼って修正はできるかもしれませんが、安易に見えてイメージがよくありません。

こうしたA看板のウィークポイントを補うカタチで、普及率を上げているのがモニター表示を行うデジタルサイネージによるPR手法です。

スマホの撮影画像を簡易的に取り込むだけですから、運用は簡単。画像データをSDカードで入れれば、メニューや金額、キャンペーン内容といった情報がすぐに表示されるため、変更や差し替えは簡単。数種類の静止画を切り替えながら表示したり動画を映し出すこともでき、道行く人の足を止める効果が期待できます。人間は本能的に動くものに目が行く習性がありますから、A看板の中で動きのあるデジタルサイネージが目に入れば、人の目は自然とそこに留まるわけです。

たとえば1軒目の店を出たお客さんが2軒目を探しているとき、デジタルサイネージがあれば視線がそこに誘導され、お店を認知してもらいやすくなります。だからこそ、新規のお客さんを獲得する有効なツールとして普及が進んでいるのです。

▼従来のA看板でも見せ方次第で集客が違ってくる

安価とはいえ、コストの問題などでデジタルサイネージの導入が難しいときには、従来のA看板でも見せ方次第で効果的な集客が望めます。お店のコンセプトや、たとえば手作り感を大事にしているお店などの場合は、デジタルサイネージのイメージがそぐわないこともあるでしょう。

ポイントは、お店が訴えたいことをストレートに表現し、商品の並べ方などで見せ方を工夫し、ポスターをつくる感覚でアイキャッチを重視すること。

たとえば限られたスペースで、数十種類ものメニューを並べても情報が散漫になってなかなか伝わりません。「何もかも伝えたい」という想いは捨て、伝えたい情報を絞り込むことが大事です（172ページ参照）。

まずはA看板の内容自体を見直すことから始め、お店のコンセプトや雰囲気などを考慮しながら効果的な方法を検討してみてほしいと思います。

A看板とデジタルサイネージ

店頭アイキャッチなどで引き込み効果のあるA看板やデジタルサイネージは、表現する内容を絞ってアピールすることでより効果的に活用できる。

A看板

- メリット……ローコスト、新規獲得に効果的
- デメリット……経年劣化が早い。内容変更が簡単ではないため部分的に訂正したりで見映えが悪い。

情報が多すぎて
内容が瞬時に入ってこない

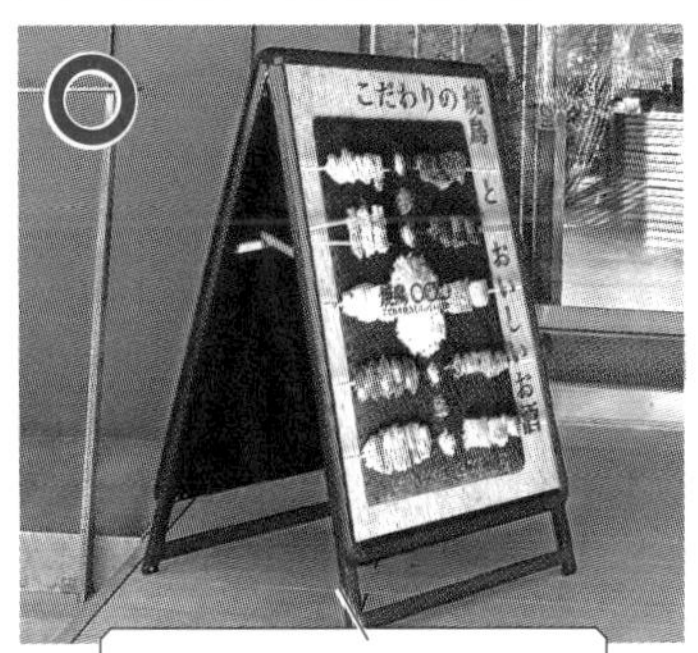

伝えたい内容を簡潔に整理。
ひと目で興味を引く

デジタルサイネージ

- メリット……内容の変更が簡単。
  いくつかの内容を切り替えながら表現できる。
- デメリット……電源必要。初期投資はA看板と比べ高額。

アイキャッチ→店情報→
メニュー／店内イメージなど
複数画面や動画での表現が可能

画面の切り替わりが「動き」を生み、
より興味を引きやすい

07

「つながりたい」ニーズを満たす空間デザイン

▼「人がつながる空間」にするために必要な要素とは？

これまでお話ししてきた通り、成功しているお店に共通するのは、人と人の「つながり」を創出する店舗デザインを採用しているということです。あらためてお店に必要な要素として整理してみると、次のような共通点が挙げられます。

- 一緒に来た人とさらに関係が深まるよう席が配置されている
- 非日常感のあるインテリアや照明が使われている
- 相手との距離感が縮まる工夫がなされている
- お祭りや市場のようなにぎわいと高揚感がある
- 店内にさまざまな「映え」要素があり、ＳＮＳに投稿したくなる

❗スタッフのサービスにセンスや温かみが感じられる

このような要素を店舗デザインを通じて実現することで、きっとお客さんは人との絆が深まって心が温まる「特別な時間」を過ごすことができることでしょう。

▼世の中には今、さまざまな「つながりニーズ」がある

あらためて今、世の中にはさまざまな「つながりニーズ」が存在しています。あえてネーミングするなら、出会いやデート、飲み会、女子会、家族イベントなど、従来のつながりを復活させたい「コロナリベンジつながりニーズ」。

SNSへの投稿を前提とした「映えつながりニーズ」。リモートライフなどの疲れから、癒やされる空間や気楽な人づきあいのある場所に逃げ込みたい「リフレッシュつながりニーズ」。さらには、人の気配やつながりのある中で「おひとり様時間」を楽しむ、「ゆるつながりニーズ」など……。これらの「つながりニーズ」に対応できる空間が、多様化した今、まさに求められています。

では、「大切なあの人と一緒にまた来たい」とか「SNSに投稿して、あの人に

見てもらいたい」といった想いに応えるためのお店づくりは、具体的にどうしたら良いのでしょうか。そのためのメソッドとして、ここからは5つのデザイン法則を紹介していきます。お客さんのニーズに基づいて、お店の目的や方向性、コンセプトを決めたあとに行う具体的な空間デザイン。それを表したものが、私の考える5つの「エンゲージメント・デザインの型」です。ぜひ参考にしてみてください。

▼①仲間と絆を確かめ合うエンゲージメント〈セミコクーン型〉

コクーンとは「繭（まゆ）」のこと。繭のように周囲を壁で囲みつつ、天井部分は開放して他の空間とつながっているハーフオープンの個室デザインがセミコクーン型の特徴です。完全に空間が遮断されているわけではないので、〝フルコクーン〟ではなく〝セミコクーン〟とネーミングしました。完全な個室をつくるまでは考えていないけれど、ある程度プライバシーを保てるような席を用意したい……というときに、こうした造作は有効だと思います。

コクーンの中は、テーブルやイスのレイアウトで3つのバリエーションを持たせています。それぞれ紹介していきましょう。

スタンダードタイプ

お互いがテーブル越しに向かい合う、イスとテーブルのノーマルな置き方です。

エンジョイ・セミオープンタイプ

テーブルを半円状に囲むように座ります。たとえば合コンなどではプライベートな度合いを高めるほか、移動する際に人のひざの前を通るためコミュニケーションの度合いも増す効果があります。参加者の一体感をつくりやすいカタチです。

カップル隣りタイプ

正面にカウンター状のテーブルを置き、シートに並んで座るカタチです。2人の距離がぐっと近づき、親密感を高めやすい空間になります。

セミコクーン型

天井空間はつながっている、ハーフオープンの個室デザイン例

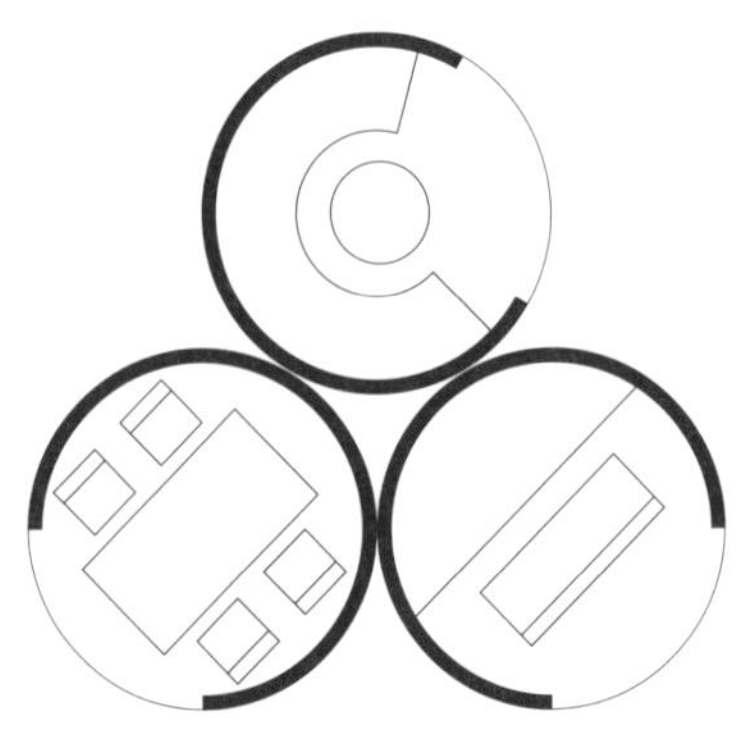

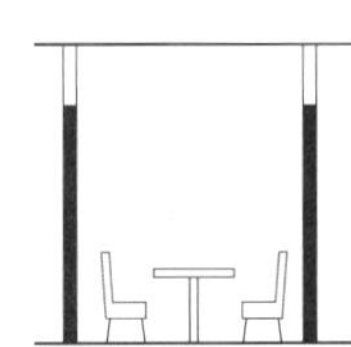

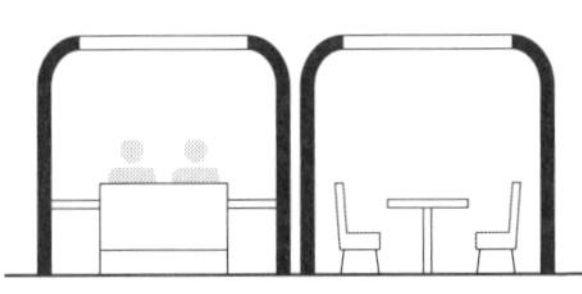

メリットや特徴

- 他人の目を気にせず、プライバシーを程良く保てる
- 話す内容や関係性の距離感によってさまざまなカタチをつくれる
- 壁の高さや目隠しの度合い、距離感をアレンジできる

▼他人の目を気にせず、プライバシーを程良く保てる空間

壁の高さにも一考の余地があります。

１２００㎜程度なら、お客さんの頭が少し出るくらいで、人の気配は感じるものの他のお客さんと目線は合いません。これが１３５０㎜以上となると、目線が完全にさえぎられるため、個室空間外の人が視界に入ってくることはほぼなくなります。

さらに高くして１８００㎜以上にすれば、周囲は完全に壁で仕切られ、より個室感が増しはしますが、ある程度のスペースを確保しないと圧迫感を感じてしまいます。このように、高さを数十センチ変えるだけでも空間の持つ効果が変わり、異なった雰囲気をつくることができます。このように、お客さんの関係性、距離感、話す内容など、ニーズに合わせて壁の高さや目隠しの度合いをコントロールできるのがセミコクーン型のメリットです。

３つのタイプのどれを採用するかは、お店のコンセプトやテーマに沿ったものを選びますが、タイプを混在させてお客さんのさまざまなニーズに対応できるカタチにするのもひとつの方法でしょう。洋食のダイニング系のお店で使われることの多

い手法ですが、あえて和食のお店で使うのも面白いかもしれません。

セミコクーン型の導入は、コスト面でも魅力的な施策です。

完全個室のほうがよりプライバシーは守られますが、空調や防災機器のコストが大きいのがデメリット。お客さんの声や音を完全に遮断する必要がなければ、セミコクーン型のほうが費用対効果も高くなるわけです。

セミコクーン型の場合、空間を完全にはシャットアウトしませんから、閉塞感を伴うような不安感がなく、一方で他人の目を気にせず、プライバシーを程良く保てる空間になり得ます。自分のエリアが店内空間とゆるやかにつながりを保ちながらも、他の人たちの目線を気にせず食事ができるという利点があるのです。

ちなみに部屋の天井の高さによって、壁から上の開きスペースのサイズが変わり、コクーンの閉塞感や開放感に影響します。店内全体の印象の違いにもつながってきますから、その点も留意しながら空間デザインをコントロールしていく必要があります。

▼②恋人、パートナーと深め合う〈パブリックプロミス型〉

オープンエリアであっても、「2人だけの空間」という感覚を生み出せる方法がパブリックプロミス型の特徴です。セミコクーン型は目隠しの壁で周囲を囲み、他人の目線自体をふさいでしまうものですが、壁のないオープンなエリアであっても、2人だけの距離感をコントロールしながらプライバシーを保つ空間をつくることができます。

他人が視界に入ったとき、気になるかならないかは、視線が交わるか否かが大きな要素となります。そんな無意識の感覚を最大限に利用して、別テーブルのお客さん同士の視線が交わらないようにテーブルをレイアウトするのが、パブリックプロミス型の利点です。別テーブルのお客さんの声は聞こえますし、もちろん視界にも入ってきます。けれども視線が交わらないだけで、2人だけの場所という感覚になるのだから不思議です。

もっとも簡単かつシンプル、今日にでもできてしまうレイアウトは、テーブルを次のページの図①のように配置するだけ。たちまちのうちに各テーブルの間に見えない壁ができたかのように、2人の距離をより縮めるのに一役買うことでしょう。

パブリックプロミス型

公開喧噪に抱かれ、「人群」を視界に収めながら 2人の会話を邪魔しない空間

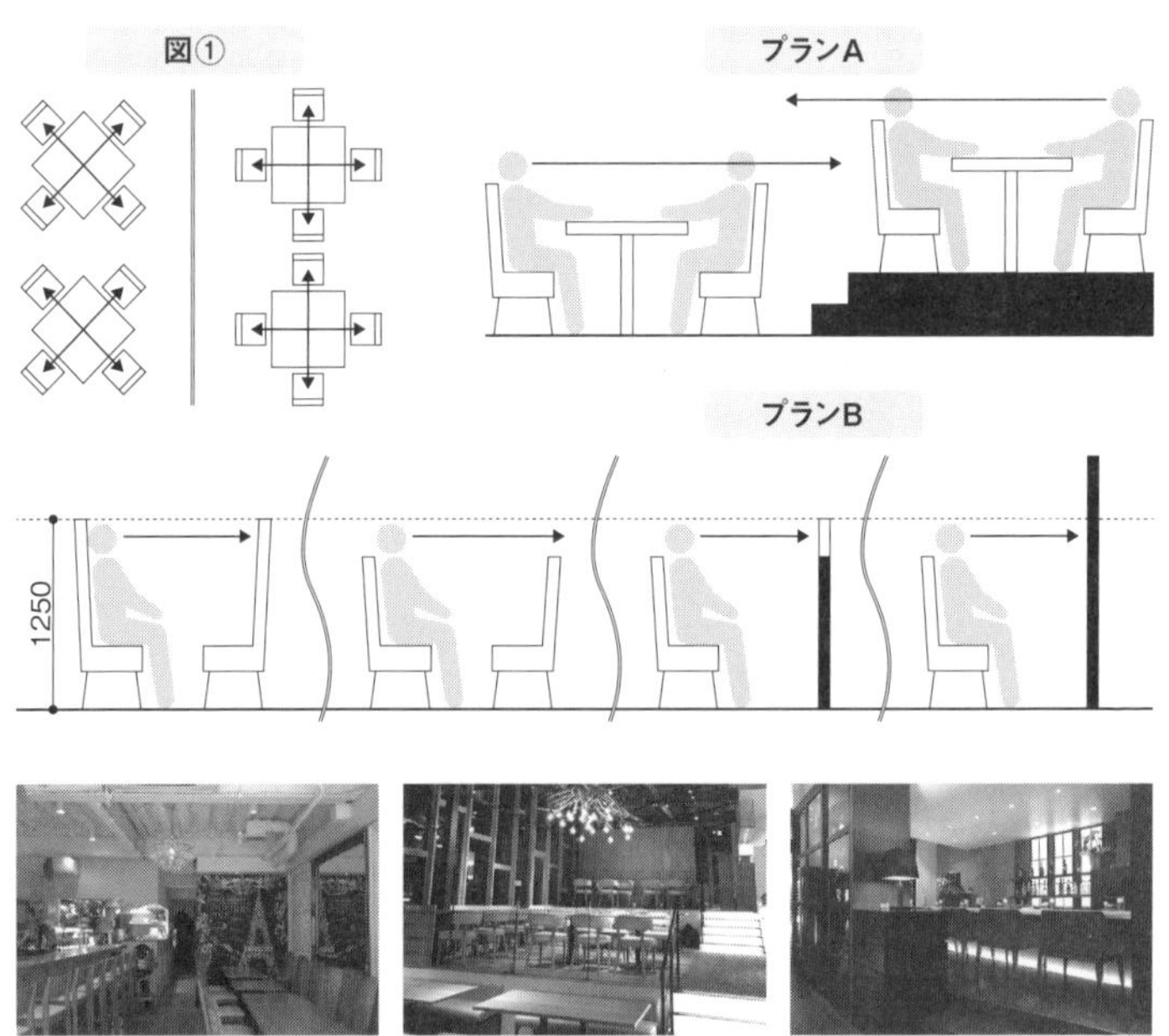

メリットや特徴

- オープンエリアであっても２人だけの空間にいる感覚を提供できる
- 他人の声が聞こえてくることで、逆にプライベートな空間を創り出せる
- コストをそれほどかけずにアレンジが可能

アレンジの方法としては、右の図のようなものがあります。プランAはエリアごとに床の高さを変えて、視線を制限する方法です。プランBはイスや背もたれの高さによって視線を制限する方法です。たとえばイスの背もたれを高さ１２５０㎜にすれば、テーブルの向こう側からの視線は背もたれがシャットアウトしてくれます。視線のラインにディスプレイを施しても、同様の効果が得られます。

ディスプレイによって他の席が完全に見えないカタチにしてしまうと閉塞感が出てしまうと感じるようなら、半透明や少し透けた素材をディスプレイに用いるハーフプライバシーのスタイルにしても良いでしょう。

▼視界に人が入り込んでくることで安心感が得られる

視線は合わずとも、視界の中に人が入り込んでくることで安心感が得られるのがパブリックプロミス型のメリットです。

たとえばカップルになる前の段階や、少し距離感のある取引先との食事の際などは、こうしたオープンとプライベートの融合した空間がおすすめです。周囲の親密な雰囲気に引っ張られて、お互いのつながりや関係性が急速に深まる効果が期待できます。視線の交わりは、見知らぬ人との間柄ではとかく敬遠されがちですから、こうした席の配置の工夫はしっかりと意識しておくべきだと言えるでしょう。

▼③異性と特別な距離感になる〈セレンディピティ・ブースト型〉

「セレンディピティ・ブースト型」は、異性との特別な距離感の中で、1対1で食事をすることを想定した空間です。恋愛関係にあるような親密な2人のために用意する空間と考えて良いでしょう。

そういった性格の空間である以上、2人のプライベートエリアを構成する「距離」をはじめ、「明るさ」「位置関係」が大切な要素になってきます。左のページにそれぞれの例を示したので参考にしてみてください。

向かい合って座ったとき、2人の距離感はたとえば10～20㎝違うだけでも感じ方が変わってくるものです。一般的なテーブルのサイズは800㎜が基本ですから、イスとイスの距離は1400㎜程度。だとしたら、シンプルにテーブル幅を600

セレンディピティ・ブースト型

周囲の喧噪に後押しされて
男女の関係が加速するデザイン

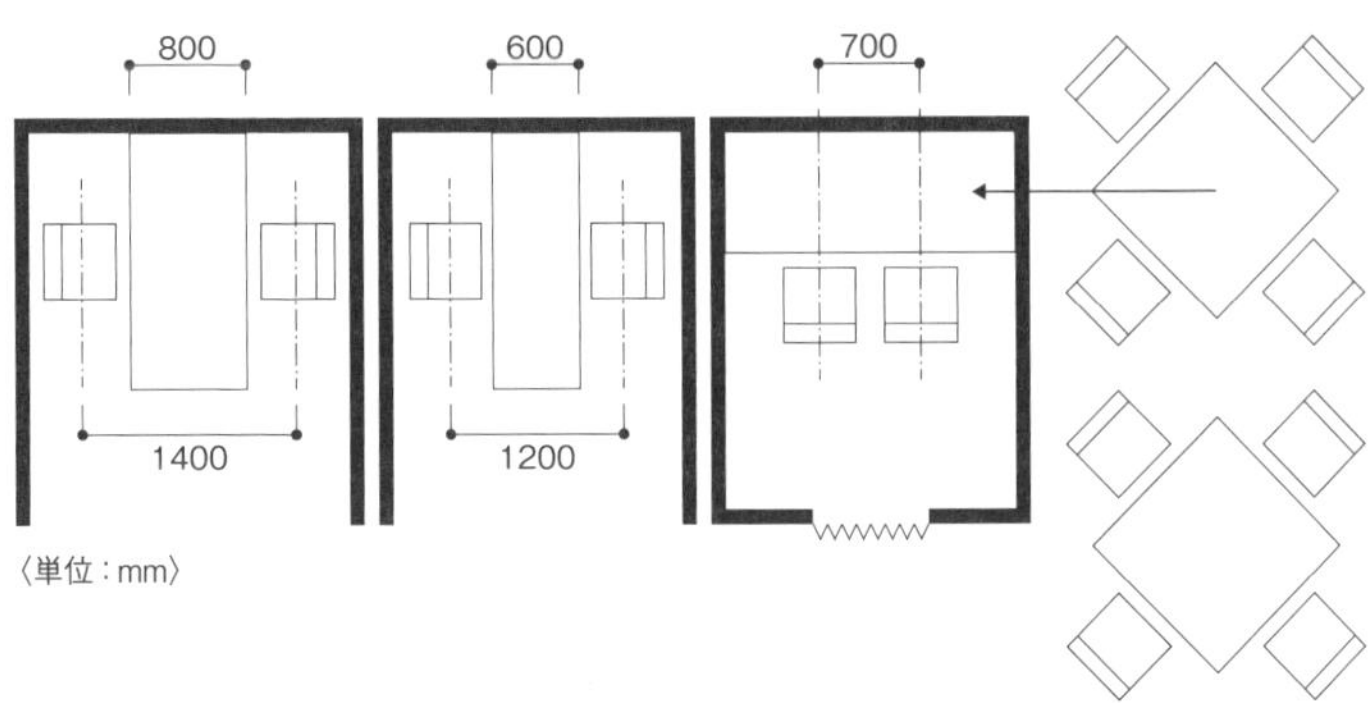

メリットや特徴

- テーブルのサイズで２人の距離感を演出する
- 隣に並んで座ることでの自然なスキンシップを提供できる空間になる
- 壁の高さを 1800㎜以上にすることで顔を見られない造作

㎜にすれば、20㎝も距離が縮まるわけです。２人きりのプライベート空間において、テーブルをはさんだ物理的な距離は心の距離と同じようなもの。単純にテーブルとイスの関係性だけでも、こうした距離感を演出できてしまうのです。

ちなみにこのタイプの場合、テーブルの幅は２人の親密度の演出のほかに、料理の種類や器によってアレンジを考えます。イタリアンで大皿などが出てくる場合には８００㎜、逆にカフェなど器にスペースを取らないときは５００㎜や６００㎜にして２人の親密度を演出するほうを優先するわけです。

お互いの距離感を縮める演出として、「明るさ」も大事な要素のひとつです。

電球による照明は大きく分けて白色と電球色がありますが、暗い雰囲気を演出する場合は電球色を用います。少し赤みのある、ローソクの色を再現したもので、いわゆる暖色系と呼ばれるものです。

電球色の照明には演色性があり、テーブルの上の食べ物をより美味しく見せる効果があります。日中は外とトーンを合わせて明るめで暗さを強く感じさせないように、夜は暗めでムードを作るなど、店内の照明は採光によって調光を使い分けることも大事です。

▼奇蹟のようなつながりが生まれる恋愛成就の空間に

「セレンディピティ・ブースト型」には、105ページの図のように、横並びで座るカタチもあります。この場合、2人のイスの距離は約700㎜。正面をガラス張りにして美しい夜景など素敵な情景が広がれば、大きな付加価値がつくでしょう。テーブルをはさんで向き合うよりも、隣り合う席のほうが、より親密度を高められるのは言うまでもありません。

相手の目を見ながらずっと話すのは、少なからずプレッシャーがかかるものです。隣り合わせに座れば、そんなプレッシャーを感じず話も弾むはず。加えて夜のシチュエーションなら、目の前のガラスに自分たちも映り込む。隣り合った2人の姿を、客観的に見ることで雰囲気はさらに高まります。そして、それぞれが正面を見ながら話していた中で、ふと横を向いて目と目が合う……これって、なかなか雰囲気を感じますよね。

対面でも横並びでも周囲の壁の高さは1800㎜以上を確保して、外から顔を見られないという造作が必要です。イスは居心地の良さを感じながら落ち着いて食事ができるよう、長時間ゆったりできるものをチョイスします。

この空間はある程度の壁に囲まれている一方で、個室以外にオープンな席があったほうがベターです。外からの聞こえてくる話し声は、自分たちが特別な空間にいるような感覚にさせる作用があります。2人の関係性もぐっと深まることでしょう。

こうした雰囲気を醸し出すのは、なにも大きなお金をかける必要はありません。工夫した空間デザインを施すことで、珠玉のつながりや時間を演出できるわけです。言わば恋愛成就の空間であり、奇跡のようなつながりができる空間デザイン。それが「セレンディピティ・ブースト型」なのです。

▼④ひとりごはんなのに「ツナガル感覚」〈ソーシャル・エグジスタンス型〉

〝自分時間〟を大切にする人が増えていく中で、「おひとり様」としての行動を選ぶ人もおのずと増加しています。飲食店の業態によっては、こうしたニーズをうまく取り込んでいくことも考えなくていけません。

「おひとり様」であっても、スマホがあればひとり時間でも退屈しませんし、SNSを使って誰とでもツナガルことができます。

なにより、1人でいても周りにいる人の気配で社会とのつながりが感じられる居場所——それが、「ソーシャル・エグジスタンス型」です。こうしたニーズは今、間違いなく飲食店にとってのスタンダードとして、広く求められています。

▼正面を壁ではなくディスプレイにして「映え」をつくる

席を長テーブルやカウンター仕様にして、視線の先に何もない状態をつくって1人でくつろげる空間として提供するカタチは多く見られます。けれど、決しておすすめできません。

正面は壁ではなくディスプレイにすることで「ソーシャル・エグジスタンス型」は完成します。「1人だけれど特別な空間」になるような施しをすることが大切なのです。それによって、離れた人とのバーチャルなツナガリが生まれることをぜひ知ってください。

照明を併用したキラキラ輝くディスプレイや、庭園のような世界観など非日常な風景が目の前に広がることで、圧倒的な「映え」スポットになり得ます。SNSで発信したいというモチベーションを促すことで、お客さんは1人で来ても、お店に

ソーシャル・エグジスタンス型

タグでSNSフォロワーと つながりながら過ごせる空間

メリットや特徴

- ＳＮＳの「映え」要素を提供することでバーチャルなつながりを促す
- 「１人だけれど特別な空間」になる
- ビッグテーブルで１人でもくつろげる空間

いる以外の人たちとツナガルことができるわけです。

こうした対外的な発信を考えれば、お客さんが料理を撮ったときに、その背景になる部分までを考慮してデザインを施す必要があります。発信することで承認欲求を高めていける唯一の場所がお店であることを踏まえ、ディスプレイなどの工夫でシチュエーションを整えていくことを考えましょう。


カウンター内にスタッフがいるとき、対面に1人でいるお客さんに対して、調理の演出や料理の提供の仕方のサービスなど、何かのアクションを起こすのも「映え」をつくる方法のひとつです。

1人席だからといって、ただ壁を見て、食事をすればいいということではありません。そこに何かの世界観を用意してあげることで、その人は1人だけでない、社会とのつながりを感じることができます。そうしたスペースを空間につくってあげることが重要なのです。

目の前に広がるその店ならではのシチュエーションを、SNSを使って拡散してくれる――「おひとり様」の一人ひとりが、あなたのお店の発信者になってくれることを、ぜひ忘れないでいただきたいと思います。

▼ビッグテーブルを店内に配置する空間デザイン

もう1つ、「おひとり様」に対応する空間デザインとして最近増えているのが、ビッグテーブルを店内に配置する空間デザインの手法です。片側1列で10人くらいが座れるような大きなテーブルで、1人でも気軽に座ることができるとともに、同じテーブルに座る人との「つながり感」が得られます。

そのとき、視界に入ってくる人の姿を制限するために、視線の中間地点に植物などの緑を置く工夫によって、見えそうで見えないというデザインを施すのもひとつの方法でしょう。

ビッグテーブルのメリットとしては、1人用にも使えるほか、4～5人のグループで訪れた際にも、横並びで使ったり、テーブルのグリーンやオブジェを外してグループで使ったりできる点も挙げられます。

オープンな空間の中で、ビッグテーブルによるにぎわいの〝かたまり〟が中央部分など周りから見える空間にあるため、店内のにぎわい感をより醸し出せる良さもあります。

▼⑤自然な会話が生まれる「共鳴」の法則〈ナチュラル・エンカウンター型〉

私は基本的に、この「ナチュラル・エンカウンター型」が、人と人の新しいつながりを生み、お店とお客さんとの距離を最大限に縮める最適な空間デザインであると考えています。

このスタイルは115ページの図にあるように、内側の作業スペース（厨房）を中心に、お客さんが座るカウンターがつながりながら周囲を取り囲んでいくスタイル。対面での接客を重視する老舗の飲食店にも多く採用されている、店舗運営の面でも効率的なデザインと言えます。

「ナチュラル・エンカウンター型」のメリットは多くあります。

1つは、テーブルカウンターにお客さんが並ぶFACE to FACEの関係によって、厨房のスタッフがコミュニケーションを取りやすいこと。お客さんの表情が間近に見られるため、料理や雰囲気に対する反応もダイレクトに伝わることでしょう。

またお客さん同士も、顔の見える関係性だからこその対話が生まれ、にぎわいの度合いが高まります。しかも、ほかのお客さんが横や斜めに座っているため、視界に入っていても視線は合わないという位置関係。無理にコミュニケーションを取る必要のない気楽さもあります。

他の人が食べているものが見えやすいという点も、お店にとって大きなメリット。「美味しそうだから自分も注文しよう」と、オーダーを促す作用が期待できます。

オペレーション部分でのメリットも無視できません。テーブル席が離れたところにあると必然的に料理を運ぶ人が必要になりますが、カウンター越しに提供できるこのスタイルであればそれも必要なく、作業負担がグッと減ります。

▼距離感を縮め、つながりとにぎわいを生む見せ方ができる

厨房が目の前にあるため、調理している様子が見えてライブ感が味わえるのも、このスタイルの魅力のひとつ。お店としてはカウンターを低くするなどフルフラットオープンにすることで、臨場感を大きく高められます。

炭火をつけて藁を焼く藁焼き、火が立ち昇るような焼き方など……演出性のある調理の仕方をするのもマストです。カウンター周りに20人のお客さんが座っていた

ナチュラル・エンカウンター型

移動可能なスタンディングバー×狭小通路の法則×コの字カウンター

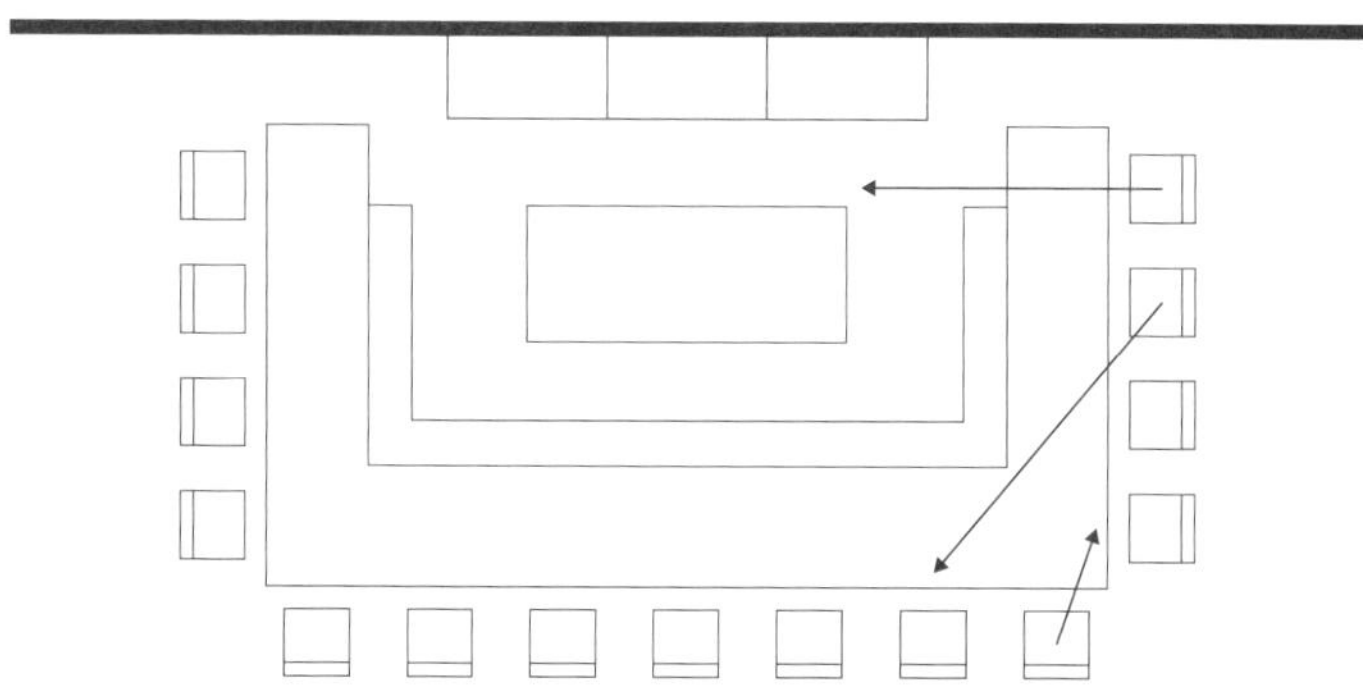

メリットや特徴

- ▶お店×お客さん以外のコミュニケーションも生まれやすい
- ▶お客さんの顔を間近で見られることで、リアルな手応えが得られる
- ▶料理を席まで運ぶ必要がなく、オペレーションの負担が軽減

としたら、1回の演出で20人すべてに興奮とサプライズを感じてもらえるようにしましょう。

路面店であれば、迫力ある調理の「ライブ」を道行く人にまで見せられます。店内のにぎわいがよく伝わって、来店へのモチベーションを高める——こうした効果を提供するためのシズル感やリアル感を伝えられる空間に、「ナチュラル・エンカウンター型」はなり得るのです。

このように、お客さんもお店側も、厨房という最高のエンターテインメントの場を囲み、さまざまなにぎわいを感じることができるのが、「ナチュラル・エンカウンター型」です。

これまで私自身が多くの店舗を手掛けてきた中で、繁盛し続けていて活気があるのは、このスタイルが非常に多い印象です。もっともにぎわいが生まれ、多くのお客さんに愛されているお店の基本の型とも言えるでしょう。

コロナ禍がようやく終わり、こうした空間の中で、初めて会う人とも気軽に話ができるコミュニケーションの場が戻ってきました。こうした空間デザインから生まれる「つながり」を大事にすることが、長く続く繁盛店にしていくための大事なポイントです。

ENGAGEMENT DESIGN

08

つながりを生む名物商品やブランディングで売上倍増

▼あなたのお店には「名物商品」がありますか？

空間デザインの話とは少し離れますが、飲食店にとっての大事な要素のひとつなので、ここで看板メニューの話を書いておきたいと思います。

コロナ禍の中でデリバリーやテイクアウトが充実し、飲食店に対するニーズにプラスαの要素が生まれました。リアルのお店で食べたものを家で味わいたい、デリバリーで食べたものをリアルのお店で食べてみたい……といった相互のニーズです。

ただどちらの場合も、自分の店に「印象に残る商品」がなければ、さまざまなカテゴリーの中から選んでもらえないという現実があります。

ですから飲食店は、レギュラーメニューの中に必ず「この店に来たらまずこの商品！」というものをつくってほしいと思います。たとえば味だけでなく、「ボリューム」や「華やかさ」を加えて名物商品をつくる――。

もともとそういう名物商品があれば良いのですが、なければ新たにつくることを考えましょう。それは、単に大きさやボリュームで勝負する……たとえば、すごく大きくする、すごく小さくしてみる、または数をとてつもなく多くしてみるなど、シンプルな思考からで構いません。そうやってリアル店とデリバリーのどちらにも対応していく考えは、今後いっそう必要になると思います。

▼エンゲージメントを呼び起こすきっかけにも

ネーミングの工夫もひとつの手です。商品やメニューの頭にお店の名前をつけるだけでも差別化や特別感を醸し出すことができます。または産地を際立たせて名物感を出すといった演出も良いでしょう。

特別感が感じられる、こだわりの商品を目指して店に行く。それは人を引きつけるためのきっかけになり得ます。空間デザインとは違うエンゲージメントの喚起の仕方ができるのが、この名物化ブランディングの特徴なのです。

名物の魅力が人を引き寄せ、お店を選んでもらうための武器になります。SNSでツナガル話題にもなり、人を誘いたいという思いにもつながります。つまり、名物商品は人のつながりやエンゲージメントを呼び起こす、ひとつのきっかけになるのです。

こういった長く愛される商品にするための名物化、ブランディングを考えていくことも、これからの繁盛店をつくる上では大切な要素のひとつだと言えるでしょう。お金のかかる広告や有名人を使ったブランディングなどではなく、自分たちだけでできることでブランディングしたりニュース性をつくったりする工夫が大切です。

09

ENGAGEMENT DESIGN

セルフマーケティングシートでベストな空間デザインを

多数の競合店が存在する飲食店の新規出店、既存店改修にはマーケティングが重要であるとCHAPTER2で触れてきましたが、具体的にどのような項目が必要か、依頼する設計士とも共有できるチェックシートを用意しました。大きく「マーケット把握」「物件（ハード）」「パーソナル要素（ソフト）」の3カテゴリーに分け、それぞれ5つの項目に対してチェックと記入をすることで、現状の周辺環境と主要なハード&ソフト両面で、出店者の初期構想を可視化できる資料となります。

まずは「マーケット把握」の項目で、出店エリア周辺の立地環境や競合店の状況、ターゲットとなる人の流れを把握。次に「物件」の項目で、建物や物件自体の状態とイメージしている店舗業態、投資コストを整理します。最後の「パーソナル要素」の項目で、思い描くデザインイメージとソフト面での準備がどこまでできているか目安が分かります。あなたのお店づくりに、ぜひ活用してみてください。

セルフマーケティングシート

		項目	内容
マーケット把握		❶周辺環境	駅近・オフィス・繁華街・住宅
		❷人の流れ	昼・夜・常時
		❸競合店	あり・なし・不明　　軒数：　　軒
		❹商圏内人気店	あり・なし・不明 カテゴリー［和・洋・中］ スタイル［わいがや・カフェ系・ラグジュアリー・個室］
		❺メインターゲット見込	女性（高所得・低所得）・男性（高・低）・20代（高・低） 年齢層：20・30・40・50
物件	既存・新規	❶立地条件	路面・ビルイン・単独　駐車場：あり・なし 規模：　　坪
		❷希望カテゴリー	昼・夜・常時 カテゴリー［和・洋・中］ スタイル［わいがや・カフェ系・ラグジュアリー・個室］
		❸希望テーマ	オープン度［閉鎖 1・2・3・4・5 開放］ ライティング［1・2・3・4・5］ コスパ［悪 1・2・3・4・5 良］ 女性比率［低 1・2・3・4・5 高］ おしゃれ度［低 1・2・3・4・5 高］
		❹必要設備	給排水（グリストラップ）・排気ダクト・動力機器
		❺希望コスト	あり・なし　　万円
パーソナル要素		❶環境イメージ	オープン・プライバシー・ミックス キーワード：
		❷メニュー提案度	高・中・低
		❸ブランド力	あり・進行中・なし　SNS体制［あり・なし・検討中］
		❹他店参考イメージ	あり・なし 参考店：
		❺強み／想い	あり・なし

ENGAGEMENT
DESIGN

CHAPTER

4

新しい繁盛を実現した つながる空間デザインの実例集

01

「つながるデザイン」で〝集まりたくなる空間〟ができた！

▼セルフマーケティングシートでコンセプトを明確に

「つながるデザイン」としての6つの原則（CHAPTER2 02 参照）を活用しつつ、私はこれまで数多くの飲食店のV字回復をサポートしてきました。店舗デザインを変えるだけで、集客に新しい流れを創り出すメソッドを具体的なカタチとして表現してきたのです。

人のつながりを生み出すことによって、「集まりたくなる空間」へとお店を変えていく。そのカタチはさまざまです。

居酒屋など、気軽に入れて安く飲食でき、大勢でワイワイ騒ぐ「大衆ワイガヤ系」は、周囲のにぎやかさのおかげで、友人同士で人生や恋愛などを語り合える場にもなります。洗練されたインテリアのカフェやバルなど、安価から中価格帯でプチラグジュアリー気分を味わえる「おしゃれ空間系」は、合コン、女子会、デートなどにも使え、背伸びしたい気持ちや承認欲求が満たされる場です。大手チェーン系コーヒー店やネットカフェなど、おひとり様の利用が多く、周囲の目を気にせずに食や空間に集中できるお店や周囲の目を気にせずじっくり話せる個室などは、「おひとり様プライバシー系」と言えるでしょうか。そのほか、高級ホテルのレストラン、富裕層エリアの路面店などの「ラグジュアリーご褒美系」や、ロボットレストラン、忍者カフェなど食より空間を楽しむ非日常的なお店は「テーマコンセプト系」として子どもから大人まで親しまれています。

大切なのは、これらの異なるタイプの飲食店のうち、「どのスタイルのお店にするか」を明確にすることです。複数の空間コンセプトを無理に掛け合わせて中途半端にするのではなく、お客さんのニーズを想定し、その選択肢に応えるための個性をしっかりと立たせる。それが、人のつながりを生み出し繁盛を続けるための大事なカギになります。

この章では、私自身がこれまで提供してきた空間デザインの工夫とともに、人がつながる場所づくり「新繁盛デザイン」のリアルな実例を見ていただきたいと思います。

CASE 1

▼立地ニーズを満たし、日常に必要な空間へ

新たにオープンしたこの物件は、他業種からの業態転換というスタートでした。オーナーは初めてのカフェ業態への挑戦であるのに加え、郊外の住宅地ということで当初不安を感じておられました。

立地は街の中心部から離れた住宅地にある一軒家で、交通アクセスも悪く、カフェとしては難しい場所。その反面、駐車場や広い店舗面積は確保できる物件でした。

こうした条件を受けてオーナーは、「コーヒーとサンドイッチを出すような普通のカフェだと、〝わざわざ足を運びたい〟とは思ってもらえない」「住宅街の風景に溶け込みながら、明確なコンセプトがあって、お客さんにメリットを与えられるカフェとはいったい……?」と考え、「どのように特徴を出すか」についてあれこれと頭を悩ませておられました。

そこでまず私は、エリアを散策しながら、歩く人や車の車種などを見て回りました。その結果、戸建住宅は比較的新しい家が多く、付近のスーパーには子ども連れの若いお母さんが目立つ立地であることが分かりました。

普通のカフェで勝負するのは難しいけれど、求められる環境をお店に備えれば、

「地域に必要とされる店」になると判断。その答えが、「子連れの親御さんやファミリーにとって使いやすいお店」であり、お子さん連れのお母さんたちが気軽に入れる「ママ特化型おしゃれ空間カフェ」でした。

付属するサービスとして、女性用パウダールームを設置し、オムツ交換などができる必要な設備を整備。目の届く範囲に広いキッズスペースを持った「お子様連れ専用エリア」を設けました。その上で、通常客とエリアを完全に分けることで、子ども連れも通常のお客さんも、どちらも気兼ねなく時間を過ごせることを成立させました。

訪れたお客さんは、大人同士で食事やおしゃべりをしている間、子どもを遊ばせておけます。「キッズスペース」は各テーブルから目の届く場所に設置されているため、お子さんにいつでも目配りできるわけです。また、席待ちをしている最中にも子どもを遊ばせておけるので、子どもが走り回って他のお客さんに迷惑をかけないかを気にする必要もなくなりました。今では離れた場所からも、ママ友集まりなどでのリピート利用者が増加し、売り上げは想定の1・7倍。予約制にしなければお客さんがさばけないほどの人気カフェになっています。

▼「おしゃれカフェ」を求める郊外のニーズにマッチ

集客がうまくいったのは、いま風のおしゃれカフェのデザインと、子ども連れの若いお母さんたちのトレンド感がマッチしたことが大きいと思います。郊外の街並みですから、周りにおしゃれなお店が少ない。けれども若いお母さんたちは流行に敏感で感度も高く、「都市部にあるようなおしゃれなカフェで過ごしたい……」という願望もあるのです。

家に小さなお子さんを置いて外に出るわけにもいかない中で、子どもを連れて行っても、周りに迷惑をかける心配のないおしゃれなカフェ……。若いお母さんたちのニーズにぴったりとフィットしたことで広く認知されました。

ひとたび「良い」と認知されたあとの、ママつながりの口コミ力はすごいものがあります。SNSを通じてあっという間に情報が広がり、ふだんの生活の中に定着していきました。

今の時代、「おしゃれカフェ」という業態が成立するなど、ふだんの子育てから少し離れて癒やしの空間にできる場所を、多くのお母さん方が求めています。

子どもを目の届く場所で遊ばせながら、自身は気の置けないママ友とリアルにつ

CASE 1

一軒家カフェの2Fに子ども連れ家族のための「キッズスペース」

－ CAFÉ Voiz －

1F 一般の方フロア

女性が多くなることを
想定した
パウダールームの充実

2F 子ども連れフロア

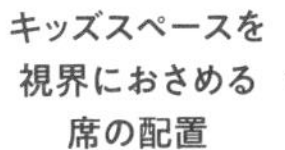

ながり、非日常のおしゃれな空間でお茶や食事を楽しむ――。そうしたニーズにうまく応えたということです。

CASE 2

▼健康志向の向上と新しい働き方

最近はジム通いやサ活（サウナ活動）など「ひとり集中時間」を日常生活に取り入れたり、リモートワークなど働き方の多様化によってオフィス以外で仕事をしたりする人が増えています。人の体温が感じられる場所に身を委ねれば、「独り」ではない社会とのつながりが感じられるものです。そんな空間を好んで、自分の居場所にする人が増えているのだと思います。

こうした「ひとり時間の楽しみ」×「オフィス以外での仕事空間」の2つを1つの場所で完結できれば、今の忙しいビジネスマンのニーズに応えることができるのではないか――そう考えたのが、「フィットネスジム」と「コワーキングカフェ」を組み合わせた、この新しい業態のお店の始まりでした。

オーナー自身、フットサル場の運営など以前から健康志向の高い事業を行い、ご

CASE 2

フィットネスジム＋コワーキングカフェで仕事時間と自分時間が効率的に

－ Blaise　24H FITNESS + 24h Study & Work Space －

アートグリーンやウッドの色彩が無機質になり過ぎない空間に

コワーキングカフェに併設したストレッチマシンエリア

自身も体を動かすのが好きなことから、フィットネスジムを立ち上げたいという想いがおありでした。さらにオーナーは哲学的な思考を好む方で、フランスの哲学者パスカルの「人間は考える葦である」という言葉から、ジムに「コワーキングカフェ=頭を動かす」ことをミックスする発想が生まれたということでした。

その両方を同時に実現できる空間を提供すれば、きっと多くのビジネスマンやワーカーに喜ばれるものになるはず。そのときの気分に合わせた使い方ができる、多機能な空間がさらに居心地の良い場所になれば、差別化も可能になるのでは……という考えのもと、業態企画とデザインのどちらも計画できる私に依頼がきました。

▼コワーキングスペースと融合してリラックスできる心地良さを演出

店内は、機能的な大型フィットネスジムの無機質さとは逆に、グリーンや照明をデザインに効果的に取り入れることでリラックスできる心地良さを創り出し、それぞれのエリアのスムースな動線計画と同一素材を使用するなど色彩的調和を図ることで、コワーキングスペースとの空間的なつながりを生み出しました。

ジムとコワーキングカフェのどちらか一方の利用を選ぶことも可能で、さまざまな使い方ができるよう選択肢を広げています。当初はジムのみ、カフェのみの使用予定でいた潜在顧客も、他方の施設に興味を持つという相乗効果にもつながりました。

札幌では初めてのスタイルでのカフェ&フィットネスジムということもあり、2022年夏のオープン以来、多くの話題を集めて集客も順調です。

立地は駅近の便利な場所にありますが、駐車場を備えることで多様な客層の集客を図り、事業としての規模拡大の追求にも余念がありません。ちなみにサブスク運営によってお客さんの属性や利用の内訳などをデータで把握することで、次の出店をはじめとした今後のビジネス展開にもつながる面も期待されています。

CASE 3

▼小規模バーで「身内+α」の安心クラブ化

「ソーシャルディスタンス」や「3密」という言葉に象徴されるように、コロナ禍では人混みを避ける文化が新たに定着しました。その結果、お客さんがひしめくクラブで新しい出会いや熱を感じたいという欲求がくすぶる一方で、近い仲間同士で盛り上がる少人数でのパーティーへのニーズが高まったように思います。コロナ禍の行動制限が、新しいつながりでの楽しみ方を気づかせてくれ、小規模空間のニーズがスタンダードな選択肢に追加された感覚があります。

このお店は、地下フロアという立地の防音特性を活かして、カウンターでの日常飲みから、イベントやパーティーにも対応できる「オールインバー」というカタチを成立させて常連客の増加につなげていった好例です。

店内はテーブル席とカウンターを合わせて約30席。企業系のチェーン店は別として、おそらくもっとも多い規模感の飲食店だと思います。

オーナーはもともとフレアバーテンダー（ボトルやシェーカーを投げたり回したり華麗なアクションを行い、お客さんに楽しんでもらいながらカクテルを提供するバーテンダー）の技術を持っていて、ダーツマシンも設置するなどアミューズメント性は十分。時間や使い方に応じて明るさをコントロールしつつ、ミラーボールでクラブ感を演出するなど、遊び心も十二分。ニーズが増えている結婚式の2次会や小規模ウェディングなどにも対応することで、団体客から個人客まで幅広い集客を実現しました。

CASE 3

「新しい規模」の選択肢

― Sixth Sense ―

20名規模貸切などで
少人数パーティーを
楽しめる

圧倒的
ミラーボールで
クラブ感増大

▼小ぢんまりとしたニーズに対応できる空間づくりも得策

繁華街から少しはずれた場所での出店でしたが、今は大集団のマスでなく、小さな集団を動かしていくマーケティングを重視するという世の中の流れがあります。それに合わせて、小ぢんまりとしたニーズに対応できるような空間づくりが求められるようにもなってきています。

お互いに顔の見える空間で、気の置けない仲間同士はもちろん、新しい仲間と程良いつながりが得られる小規模なパーティーに適した場所。この規模感だからこそ安心できる空気感が、小さくても濃密なコミュニケーションを演出してくれます。

CASE
4

▼ライブ感のあるにぎわいや調理の演出が楽しめると評判に

もとはカウンター席とテーブル席だったレストランバー空間のすべてを〝ビッグカウンター〟で囲い、目の前で炎を上げて調理する「炉ばた大衆酒場」に改装しました。レストランバーだった当時から一定の人気を博していましたが、より日常的に使いやすい「和」を中心とした「炉ばた酒場」へとリニューアルしたのです。

店名の通り「五感」で料理を感じてもらえるよう、調理場と客席の間に置いたビッグカウンターをはさんで、魚を手際よくさばく洗練された包丁技術や、炎や煙が立ち昇る迫力ある光景など、調理を目の前で見せてライブ感を演出。味覚はもちろん、視覚や聴覚、嗅覚など、シズル感でお客さんに訴えかけることを全面に出した店づくりをしました。こうした目の前での演出は「食べてみたい」という新しい需要の掘り起こしに貢献したのみならず、お客さんと調理場の一体感によってコミュニケーションを加速させることにつながりました。お客さんが目の前のスタッフと話しながら楽しんだり、演出を見て盛り上がったりしてくれたのです。

また、路面店のメリットを活かすために、カウンターと調理場の見通しを妨げないようフラットなつくりにした上で外からも店内が見通せるように入口をデザイン。カウンター席でのにぎわいや、席が埋まっている様子を通りからよく見えるようにしました。

結果、札幌市の繁華街という立地もあって外を歩く観光客の取り込みに成功したほか、通りすがりの人が外から興味を持ち、引き込まれるような新規客も増えました。「人のにぎわいは人を呼ぶ」を地で行く店舗となりました。現在は形状を活かした業態変更を行い、「炭焼ジンギスカン北の風」としてにぎわっています。

CASE 4

迫力の調理演出でカウンター席から埋まるにぎわい店に

― 炉ばた 焼肉 大衆居酒屋 五感 ―

オープンエアーで開放的に。
通りがかりの人も引き込む魅力

にぎわいが生む
客と客とのコミュニケーション

CASE 5

レイアウト変更で10席プラス&メニューも増加

「動線」と「導線」を改善してスペースを有効活用することで、新規顧客を獲得することも、サービスの質を向上させることもできてしまいます。

私の考える「動線」とは、機能的に必要な人の流れ、たとえば厨房内の人の動きや客席までのサービスの動きなどを表します。そして「導線」は意図的にお客さんの流れを生んだり、お客さんとスタッフの自然な距離感をつくる動きを表します。

このお店では、まず導線を意識して入口をデザインしました。

リニューアル前は入ってすぐの長いカウンターが視界をふさいで店内が見通せず、新規のお客さんには入りづらい雰囲気でした。ならばと入口付近を広くして見通しを確保し、お客さんがにぎわいを感じ取れるようにレイアウトから一新してリノベーションを実施。お店に入ったとたん、店内の雰囲気が開放的に感じられるように意図したデザインの通り、お客さんが入りやすくなり、新規顧客の獲得にもつながりました。

レイアウトを一新した効果は、それだけではありません。限られたスペースで最大限の席効率を生むことも、デザインの重要な役割です。

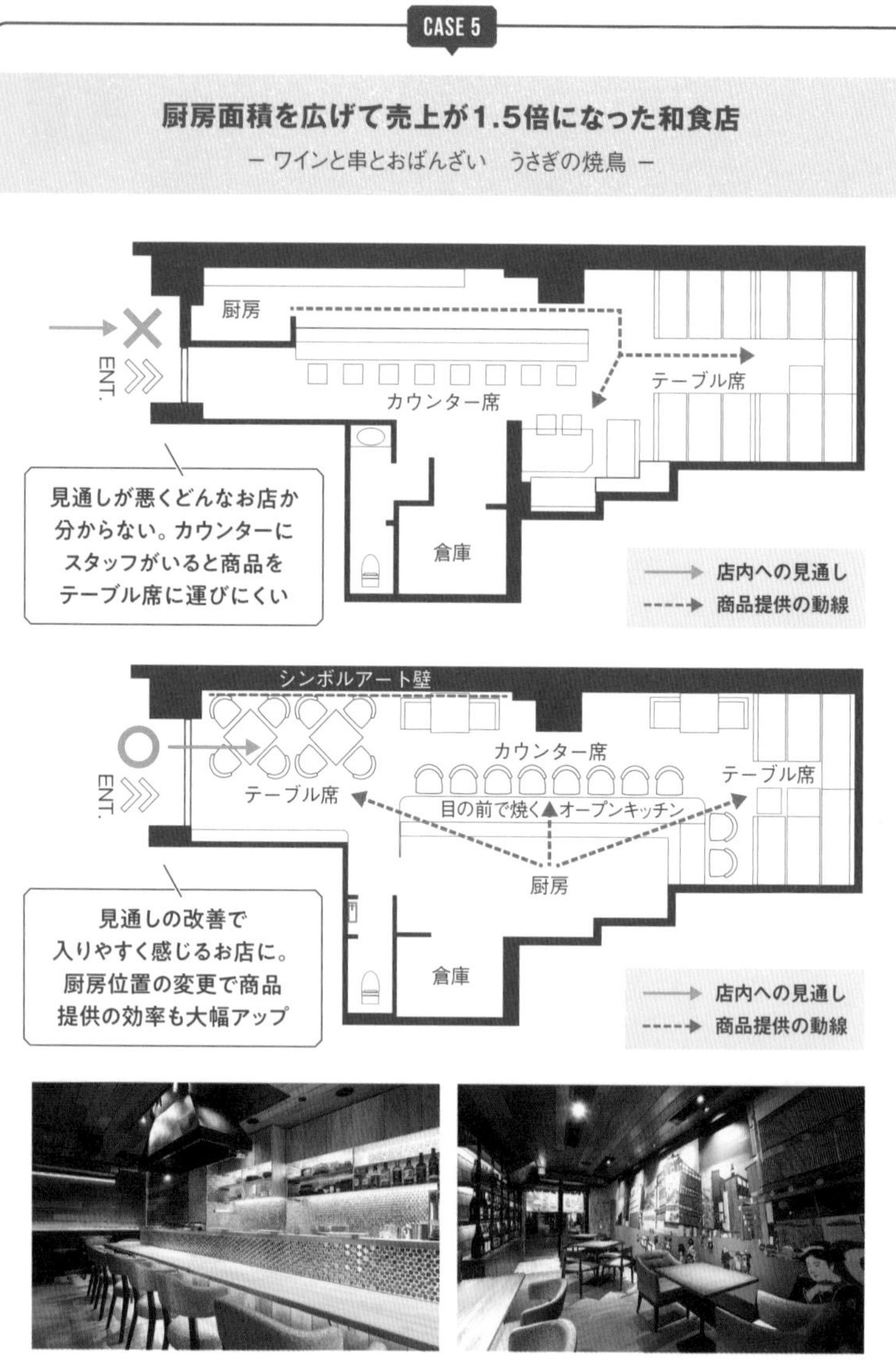
CASE 5
厨房面積を広げて売上が1.5倍になった和食店
― ワインと串とおばんざい　うさぎの焼鳥 ―
厨房
ENT.
カウンター席
テーブル席
倉庫
見通しが悪くどんなお店か分からない。カウンターにスタッフがいると商品をテーブル席に運びにくい
店内への見通し
商品提供の動線
シンボルアート壁
カウンター席
テーブル席
ENT.
テーブル席
目の前で焼くオープンキッチン
厨房
倉庫
見通しの改善で入りやすく感じるお店に。厨房位置の変更で商品提供の効率も大幅アップ
店内への見通し
商品提供の動線

▼焼き場のスペースをつくって始めた焼き鳥が人気のメニューに

このお店の場合、店内空間のレイアウトを一新して10席増やしたことで、席効率が格段にアップ。さらに動線を改善して厨房面積の増加にも成功し、スペースを有効活用できるようになりました。以前の厨房スペースは、カウンターの長さ分の限られた面積のみ。料理は「おばんざい」の提供が中心にならざるを得ませんでした。それをリニューアルで焼き場のスペースを確保。提供メニューが格段に増えました。とくにお客さんの好評を得たのは、こだわりの焼き鳥メニュー。お店の広さ自体は変わっていませんから、オペレーションの負荷はそれほど高くなってはいません。店舗の面積を広げることなく、カウンターの位置や席のレイアウト変更によって、お店に新たな価値を生み出すことができたのです。マンパワーの負担を増やすことなく売上が1・5倍に上がった成功例です。

CASE
-6-

▼郊外であえて個性的なデザインを発信

都市部から離れた地方圏で新規にお店を出店しようと考えたとき、まず考えるべきは、「どのように人のつながりを生んでいけばいいか」です。

周囲に目立った建物のない静かな街並みで、日常的に人通りが多いわけでもない。一見、出店するにはきわめてリスキーな立地に思われがちですが、逆にそんな場所だからこそ、地域に寄り添う考えさえあれば、新しいものが受け入れられる可能性を秘めています。このお店も、そうした一例でした。

ロケーションとしては飲食店が少ない住宅地で、もっとも人が集まっているのは大きめのスーパーマーケット。近場の外食といえば、ラーメンか回転寿司だけ……という場所です。需要の低さが想定され、出店に慎重にならざるを得ない状況でしたが、私は幹線道路沿いという立地には潜在ニーズがあり、競合も少ない点は出店メリットだと捉えました。

▼デザインの力で目を引く建物自体が街のシンボル的な存在に

そこで提案したのが、「あれは何?」と目を引くような、近未来的な個性を持つカフェレストランのデザインでした。最初は個性的な外観に、地域の皆さんも少しの違和感があったようですが、次第に道行く人が、「あれは何?」と話題にしてく

CASE 6

地域のみんなが集うランドマークに

― カフェレストランSAIKI ―

住宅地に突然現れる
インパクトある外観

高級感ある中でも
日常使いできるメニューが
味わえるギャップ

雰囲気あるカウンターで
ゆったりと

れるようになり、興味が人を呼んで集客につながっていきました。

このお店で大事にしたのは、個性的な外観とは裏腹に、料理メニューは老若男女に喜ばれるような、昔懐かしいスパゲッティなどを提供するというコンセプト。単に奇抜さを追うのでなく、長く地域に愛されるような「変わらぬ良さ」を追求したのです。

やがて建物自体が街のシンボル的に認知されるようになり、地域の人々に寄り添うメニュー内容とあわせて受け入れられたことで、常に満席を維持するような繁盛店へと成長。ティーンエイジャーから主婦層、高齢者まで幅広い客層に支持されています。内装には経年劣化しにくい素材を使い、高級感を感じながらも気負わない料理を楽しめるというギャップを演出。そういった雰囲気を店内に醸し出せたのも成功した理由のひとつと言えるでしょう。

CASE 7

▼ニーズを的確に捉えれば、単価をアップしても選ばれる

この店舗はもともと一般的単価のコスパ重視の商圏にあるお店でしたが、売上をどう伸ばすかを考え、対応させる商圏を見直し、高単価の客層にターゲットを絞っ

た居酒屋にリニューアルしました。つまりは、「ホンモノ志向」をキーワードにした空間づくりです。

単価アップに見合ったメニュー構成と空間デザインのバランスをとるために、質感ある天然木カウンターとゆったりとしたイスを配し、ゆとりある席の間隔を確保。コストを抑えるために天然木を使用しないケースも少なくありませんが、このお店では本物の質感にこだわりました。やはり天然木の発する雰囲気や空気感は独特で、それを好むお客さんも当然存在します。

内装はやわらかい光の間接照明と煌びやかな金属素材をチョイスし、足を伸ばせる掘りごたつの個室でのコース懐石が楽しめる、品のある大人和食店にブラッシュアップしました。

▼高級店の仕様であっても「コスパの良い店」になれる

会社での定期的な宴会や客先との接待などは、近年ではさまざまな理由から減少しています。けれど、喧騒から離れて落ち着いた空間でゆっくりと上質な時間を過ごしたい「つながりニーズ」は確実にあると考えています。

CASE 7

「ホンモノ志向」をキーワードにした空間づくり

― 串焼き・創作料理 よにき ―

つまり、見合ったサービスや空間さえ提供できれば、多少商圏に抗うような高価格帯の店づくりでも、求められる場所になるという考え方です。安さが重視されがちな世の中ですが、高級店の仕様であってもそれに見合うバランスさえとれていれば、十分に「コスパが良い店」と認識されるのです。

CASE 8

▼「従来業態プラス1」の取り組み

もともと老舗のカフェ業態だったお店が、新たに輸入食品を扱う物販コーナーを設けて成功した事例です。「伝統あるカフェ店舗」に「輸入食品と関連雑貨」をプラスすることで、客単価アップを狙いつつ、提案力のあるカフェへとアップデート。従来の飲食店業態に物販を加える「プラス1」によって、自店での相乗効果を持たせた手法と言えます。

最近の例ではほかに、「焼肉店」×「精肉店」、「居酒屋」×「鮮魚店」などの〝プラス1業態〟も増えています。調理したものだけでなく、食材自体も販売することで、夜の営業だけだった売上が、二毛作のように昼間も売上を持つお店に変わります。お客さんの流れも、「昼間買った魚、美味しかったな……今度はお店の料理も食べてみたいかも」とか「この料理、美味しいな……新鮮な魚だからかな？　今度、昼間に買いに来てみよう」といった相乗効果が期待できます。

実は「飲食」と「物販」という2つのリソースを持つ店舗は意外に多く、両方を併設する拡大方法はやろうと思えばこれまでもできていたように思います。

こうした取り組みの多くは、コロナ禍によってもたらされた飲食店への逆風が契機でした。物販を始めることが、危機管理のひとつの方法として浸透していったのです。この老舗カフェも通常のカフェ単価にプラス1の提案をすべく、物販を併設することで相乗効果を狙ったというわけです。

従来も小さなスペースで物販自体は行っていたものの、大胆に拡大してカフェと同等まで広げ、完全に「カフェエリア」と「物販エリア」の2本立てとして展開しました。コンセプトは、「カフェ×食品倉庫」。あえて「倉庫」というイメージで、品ぞろえの豊かさを訴求し、物販目当ての来店をプラスで促すことにしたのです。

ズラリと並ぶ食品を買い求めながら、「ちょっと休んでいこうか」とカフェの利用が増え、カフェに来た人が食品を買って帰路につく、というシナジーが数多く生まれました。

CASE 8

魅力を上手に掛け合わせればシナジーが生まれる

― CAFE工房MISUZU×食品倉庫 ―

お店に足を運んでもらうモチベーションを増やす空間づくりが、自店での相乗効果を生み出すことに成功し、新たなにぎわいを育むことにつながったのです。

▼2つの異なる業態をうまく融合させるデザインのディテール

飲食店の場合は当然ながら、料理を美味しく見せていくための空間づくりが必要ですが、「倉庫」というイメージはそれにやや相反するものです。その2つを同じ空間に併設するため、物販エリアが無機質になり過ぎないよう、シンボルツリーなどグリーンのディスプレイを取り入れ、温かみのある雰囲気を意識してデザインしました。

それと合わせて重視したのは、入口のスペースの空間づくりです。「食品倉庫とカフェのイメージが共存する場所」を意識してデザインし、その空間からカフェエリアと物販エリアのどちらにもお客さんが流れていくようにレイアウトしました。

食品倉庫と飲食はイメージも雰囲気も相反するものだけに、エントランスの部分を食品倉庫に偏ったデザインにしてしまうと、カフェを求めて来た人が違和感を覚えるでしょうし、カフェに偏ると食品倉庫のお客さんが持つイメージを損なうことになってしまいます。だから訪れた人のファースト・インプレッションが、カフェと食品倉庫のどちらにも偏らないようにデザインにしたわけです。

通常のカフェは入口からカウンターまでの導線が明確にあるのに対し、この物件ではカフェカウンターへの導線を商品が並ぶ食品倉庫の中にあえて通したことで、カフェ目的のお客さんも常に商品を目にする機会をつくったのです。

CASE 9

「行列ではないにぎわい」が人を呼ぶ路面店

私は飲食店の形態として、路面店をもっとも推奨しています。通りすがりのお客さんをデザインで取り込めるからです。広告集客ではなく、外から中を見せるデザインでリアルに魅力を発信できる点に無敵のポテンシャルがあると考えています。これは路面店だからこその良さなのです。

店の中のにぎわいを見せることで、「楽しい」や「美味しい」、「微笑ましい」を直接伝え、人を呼ぶ連鎖を生み出していく。その雰囲気をつくるための席配置を含めたレイアウト、外から見える内装や人のにぎわい、料理自体の見せ方をデザインすることで、路面店の利点を最大限に発揮することができます。

たとえば、夏のシーズンなら空間を開放してテラスやガラス戸にすることで、道行く人からお店の様子が見え、音や香り、雰囲気を感じてもらえるようになります。そうやって道行く人を取り込む集客を実現するわけです。

▼ガラス張り&オープンエアで外から雰囲気が感じられるデザイン

左ページで紹介しているお店は、どちらももともと他業種の居抜き物件でしたが、当時はすべて壁のつくりでした。その一面をガラス張りにして、なおかつオープンエアにして中が見えるようにしたのです。

店内が外からクリアに見えると、人は安心感を抱き、にぎわっている雰囲気を感じて「入りたい」と思うものです。

そんなふうにお店が人でにぎわっているところを見たいから、私は路面店が好きなのです。どんどん人のつながりが生まれていくのが楽しいし、うれしいのです。にぎわいを見て、通りすがりの人が加わってくれる――にぎわいが人を呼んで楽し

CASE 9

人のつながりを生む「見せ方」

― BAR españa CARNE ―

― 炭焼ジンギスカン 北の風 ―

店内のにぎわいを感じ入りたくなる見え方

夏場はフルオープンで開放的にできる仕様

い空間が広がっていく。それこそが、飲食店が持つ大切な価値だと思います。

ただ、これは諸刃の剣な面もあり、早い段階から人を集めるプロモーションを行っておくことが必須です。オープン当初に閑散とした店内を見せ続けてしまうとマイナスプロモーションになりかねません。「あそこのお店って人気ないね」と開店早々思われてしまっては、やはりそのあと苦労してしまいます。

逆にスタート時に一度、適度なにぎわいをつくっておくと、見た人の印象に残り、口コミやSNSを通じてイメージが拡散されていきます。つまり、オープン前の仕掛けを入念に行っておくことが大事というわけです。そこまでを考えた綿密な計画が重要で、ただガラス張りにすれば人が集まる……ということではないことを付け加えておきます。

CHAPTER2（47ページ）でも紹介したように、はじめに行列などをつくって見せる必要はありません。店内の活気やにぎわいを効果的に見せることで、むしろ行列以上の効果を得られます。それが路面店を成功させる秘訣であることをぜひ知っておいてほしいと思います。

CHAPTER

5

小手先の戦略で繁盛から遠ざかる空間デザインのNGアクション

01

要注意！「居抜き」の改装にはいくつもの壁があった

▼あらかじめ知っておくべき居抜きの改装「5つの落とし穴」

東京商工リサーチによると、2020年の飲食業の全国倒産件数（負債1000万円以上）は、前年比5・3％増の842件に上りました。言うまでもなく、原因はコロナ禍によるものです。

こうした影響で閉店が進み、都心一等地の物件が「3割引き」で貸し出されているという週刊誌の報道も目にしました。コロナ禍が落ち着いた今、こうした物件を居抜きで借り、改装して開店しよう、と考えているオーナーの方は少なくないと思います。

確かに、今までの店舗の内装を活かしてオープンできる居抜き物件には、メリットが多くあります。内装にかかる工事費の削減や工事期間の短縮が実現できることから、「早期にオープンしたい」「店舗の初期投資にコストをかけたくない」と考えるオーナーさんにとっては魅力的でしょう。

けれども、居抜き物件を安易に考えていると、想定外の落とし穴にはまることがありますから注意が必要です。つながりデザインを施す際に、やってはいけないNGアクション――その中の、「居抜きの改装5つの落とし穴」を紹介しておきたいと思います。

1. あとから「全改装」が必要になってしまう

契約したあとで、「前テナントの造作をまったく活かせない」ことに気づくケースがあります。

当初、自分のお店のプランがそれほど具体的になっていない段階で物件を見に行くことも少なくありません。物件は厨房の位置が手前にあるのに、実際に使う際には厨房は奥でなければ動線に問題が生じてしまうといったことがよくあります。それを考えずに契約してしまったら、お店が効率的に機能しなくなったり、あらゆる面でうまく回転しなくなったりしてしまいます。初めからコンセプトを明確にし、そのコンセプトに見合った造作のお店を借りなければ、結果として解体費のほうが多くかかってしまうこともあります。

2. 思ったよりも造作が劣化していて、追加の工事費がかかってしまう

「お店を始めてから水漏れに気がつく」など、現地調査では分からなかった「状態の悪くなった設備」があとから見つかることがあります。中には必要な店舗の設備がない状態（主に給排水や空調、排気設備）で借りてしまい、一から工事するよりも高く付いてしまったケースもありました。

たとえば水漏れや雨漏りの場合、壁の中で漏れていたときには、事前に気づくのがなかなか難しい面があります。天井裏も同様で、ビルで上階にもテナントがある場合、上の階の給排水の配管が上階の床下（＝自店の天井裏）に組まれているケースが多く、ポタポタ水が落ちていても分からないことが多々あります。「なんだか天井が歪んでおかしい……」と思ってみて見たらたっぷり水がたまっていた、なんてこともあるのです。物件を貸す不動産屋さんも、明らか

に水漏れが露見していれば対処しますが、見えないところで起きているものなら、状況を把握せずにそのまま貸すケースもあります。

このとき留意すべきは、物件の賃借契約は「原状渡し」が基本であること。つまり、明らかに不具合が発生していても、契約後に生じた（見つかった）ものについては、直すのは借りたテナント側という状況になってしまう場合があります。ですから借りる際に、「そうした状況はないか？」と業者に確認することが大切です。また念を入れる意味でも、物件見学の段階から設計者や施工業者に同行してもらい、専門的な視点で問題がないかを一緒に確認することも大切でしょう。

3. 想定外の造作があり、計画通りレイアウトできない

大規模空調、トイレ、水回り設備、ダクト、厨房防水、グリストラップなどは取り外しが容易ではなく「中がどうなっているのか」の確認がしづらいものです。実際に借りて中を見てみたら、こんなものもあった、こんなふうになっていた

と驚くことが多くあります。ダクトが計画と逆の位置だったり、抜けない柱があったりすると、数百万円単位で想定外の工事費がかかることがあります。思いも寄らない造作に驚くことのないよう、設計者や施工業者と同行し、目に見えない部分も可能な限り、事前にチェックすることが必要です。

4. 廃棄にお金のかかるゴミが出てくる

以前、過去10軒分の未処分の配線が残っていたおかげで、新しい配線やダクト、照明器具などを入れたくても入らない……といったトラブルがありました。

本来であれば、天井裏の電気の配線など、不必要なものが生じればその都度処分すべきなのですが、一方で明確にルール化されているわけではないため、そのまま放置されているケースがあるのです。私の手掛けた新規の物件では、重さで天井が落ちるのでは？　と思うほどの配線が処分されずに残っていたようなことがありました。その結果、新しく借りたオーナーが配線を処分しなければならず、予想外の廃棄費用がかかってしまったのです。

近年は産業廃棄物の処理の規制が細分化し、10数年前に比べると分別の仕方などが徹底されて、処分に大きな費用がかかるようになっています。過去の改修の〝残骸〟が居抜きの物件に残っていることがあり、それを処分する費用だけでも相当なコストになってしまいますから注意しましょう。

5. 前テナントのイメージを引き継いでしまう

前テナントと同業種で、造作の大部分を有効に使える場合、改装費用を安く済ませることができます。使えるものは使おうというのは、初期投資のコストを安く済ませる点ではメリットですが、前の店のイメージをそのまま引き継いでしまうリスクもあります。

前店の行きつけだったお客さんが、「あそこ、お店が変わったみたいだからちょっと行ってみようか」と思ったときに、「あれ？　前とあんまり変わってないな……」という印象を持たれてはマイナスです。新しいコンセプトを持ったお店という認識にはならず、新規のお客さんも増えません。せっかく新規オープンをしても、道行く人の目には「前の店舗と代わり映えしないお店」に見えてしまい、結局あとから手を加えることになる場合があります。

▼焦りは禁物！　まずは落ち着いて物件を吟味すべき

5つの例を挙げたように、「居抜き物件」を借りることは一見初期費用が抑えられるように見えて、余計な出費が発生してしまうことがよくあります。

居抜き物件は「現状渡し」が基本である以上、契約後に不十分な点が見つかっても遅いのです。そのため契約前のチェックを丁寧に行い、その上で注意すべき点をクリアすべく計画を立てていく必要があります。

これらを見落としてしまうと、いったん内装が整ったあとで壊して対処する必要が出てくるなど、想定以上のコストがかかることになりかねません。単純に、「一等地の好立地の物件が3割引き？」と飛びつき、「しかも居抜きで使えそう」と安易に契約してしまうのはリスクがつきものであることをまずは知ってください。

大切なのは、まず落ち着いて物件を吟味すること。信頼できる不動産業者であれば、そのための時間的猶予をある程度与えてくれるはずです。契約後に問題が生じないためにも、居抜き物件ならではのチェック要素をぜひ知ってほしいと思います。

お店はあなたのビジネスの大切な相棒です。あとから「お金のかかるパートナーだった」と気づいて後悔することのないよう、慎重に出店計画を立てましょう。

「お得情報誌」に載せたら売上が下がった!?

▼一度価格競争に入ってしまうと抜け出すのは困難

消費者にサービスをお得に提供するためのクーポンは、飲食店に限らず数多く発行されています。集客につなげる代表的な販促手法のひとつとして、雑誌やチラシなどに広告掲載する紙クーポンに代わり、今ではアプリが主流となるなど多くのクーポンが出回っています。とくに新規客を集めたいときに多用されがちなクーポン戦略ですが、せっかくコストをかけて広告を載せても、「お得プラン」目的のお客さんが集まるだけでは本当の繁盛にはつながりません。

実際、こうした「お得プラン」の広告で集客したとき、集まってくるのは基本的にリーズナブルさを求めてやって来るお客さんです。そして、それ目当ての人で席が埋まってしまうことがひとつの懸念材料になります。

極端に言えば、そこで集まったお客さんはクーポンを使ってお目当ての料理を味わえればそれでOK。よほどのことがない限り、リピーターになる可能性は低いと言わざるを得ません。つまり、本書でテーマにしているような「人とのつながり」を求めて訪れるようなお客さんとは、少し違います。リーズナブルさを求める人たちによる一時の喧騒が終わると閑古鳥……となるケースがあるのは、そのためです。

情報社会の現代は簡単にお得な情報が手に入って比較も容易にできるため、一度価格競争に陥ってしまい、そこにお客が集中してしまうと抜け出すのは困難です。集客のひとつと考えるのであれば、利用客のコスパとお店側のコスパを考慮した強い商品や、多少高額でも魅力あるメニューを常に取り入れる努力が必要になります。

▼「つくられた行列」がもたらすリスクとは？

もう1つ、お得情報によって爆発的な集客に成功したとき、懸念されるのが行列です。お店のオーナーは、「さすが○○のクーポン、効果抜群！」と喜ぶかもしれません。けれども、実はこの行列がまた曲者です。これまで何度か〝行列〟の功罪については書いてきましたが、もう一度触れておきます。

飲食店業界では、よく「行列ができる店」などともてはやされることがありますが、長期的な視点から考えると、実はリスクのほうが大きいと言わざるを得ません。たとえ開店から数カ月行列ができても、3年以上維持できる可能性はきわめて低いのです。

初期の販促やメディア露出でお店の価値が完成する前に行列をつくってしまうと、「流行りのお店」という〝旬な店〟に認定されてしまいます。それは旬のビジネススタイルとするなら結構なことではあるのですが、一度「流行りのお店」になってしまったら、ブームが去ったあとは、行く側も「前に流行ったお店」という感覚になり、自然と足が遠のいてしまいます。最初の印象が鮮烈であればあるほど、そのあとの波は大きな逆風になるリスクがあるのです。

さらに初期は、オペレーションの問題や混雑への対応の不慣れなどで、体制が整う前にマイナス評価されるほか、せっかく体制を整えても、お客さんの波が引いてしまうと過剰な設備やスタッフといった問題に悩まされることになります。

通常の飲食店で行列ができると、その対策で厨房器具の設備を強化したり、スタッフの数をホール含めて何人も増員したりする必要が生じます。これが、いざブームが去ってしまうと重荷になるのです。人材確保が難しい昨今は簡単に人材カットを進められず、固定費だけが維持されて全体のコストバランスが崩れた結果、厳しい経営状況へと陥った例は数えきれません。

▼行列をつくらずに、人のつながりをつくろう

まずは行列を期待する前に、お客さん一人ひとりを丁寧に接客することを優先して考えるべきでしょう。繁盛店は、行列をつくらずに、まずは人のつながりをつくろうとします。クーポン戦略に頼ることなく、スロースタートで徐々に口コミ的広がりを生み、自然発生的に満席状態になることを目指すのがベストです。

ちなみに、行列をつくっても良いお店もあります。

たとえばラーメン屋さんなど店内はカウンターだけで、店内のキャパよりも回転で勝負するようなお店や回転の早いお店であれば、行列ができても構わないでしょう。そうしたお店であれば、スタッフを増やしたとしても、カウンターの数も決まっているため、スタッフを1～2人増やすだけで対応できるからです。

03 商業施設やオフィスビルのデメリットを乗り越えろ！

▼"ビルインテナント"は路面店のような「顔」がつくれない

飲食店は言うまでもなく、さまざまな立地で営業しています。路面店や商業施設内、またはオフィスビルなど……。それぞれの空間の抱えるリスクやデメリットについて、ここで触れてみたいと思います。

私は空間デザイナーとして、基本的に路面店を推奨しています。路面店は道に面したお店ですから、不特定多数の人や車が店の前を通ります。つまり路面店は、行き交う人々に表現できる「顔」をつくることができるという意味で、もっとも店舗デザインが影響する好立地なのです。外装での雰囲気、店内を見せるデザイン、逆にあえて見せないデザイン、デザインによるイメージづくりなど、コンセプトの発信に高い自由度があります。

一方で、立地の場所に限りがある以上、店舗展開する上では、路面店ばかりにこだわっていてはなかなか出店が難しい面もあるでしょう。展開計画や出店チャンスによっては、ショッピングモールなどの商業施設やオフィスビルといった建物の中――いわゆる「ビルインテナント」として出店するケースも想定しなければなりません。

路面店の場合、「顔」のつくり方にはさまざまなバリエーションが持てますが、ビルインテナントだとなかなか自由がきかない部分があります。施設の規則などによって制約が厳しいケースがあるためです。外観の配色に特定の色が使えない、表に出す看板の数に制限がある……などの規則によって自由度が低いことがあるわけです。

▼ビルインテナントに不可欠な、SNSを使ったビジュアルプラン

「顔や雰囲気」で道行くお客さんを引き込めるのが路面店ですが、ビルインテナン

トは前述のような制約があります。つまり路面店のように十分に人の目に触れることがないため、まずは「知られていない」ことを自覚した上で、認知度を高める努力や仕掛けが必要なのです。

「それぞれの施設ルールの範囲内で」という縛りがあるほかにも、基本的には施設内に訪れた方の往来だけというのもデメリットです。ですからビルインテナントでは、よりインターネットを使った複合的なPRを重視する必要があるわけです。

おすすめは、SNSでのつながりや広がりをつくったり、飲食系のポータルサイトや媒体を活用したりといったPR施策。たとえば、自店を知ってもらうためのSNSを使ったビジュアルプランとして、メニュー写真を見映えの良いものにする――商品と一緒に内装の雰囲気も1枚の写真で伝わるようにするなど、見た人に興味を持ってもらえるコンテンツにしていくことを考えましょう。

ただのPRではなく、実際の店舗の内観など、空間コンセプトを発信するのもマストです。メニューの写真を撮って載せるとき、どんな店で何を売りにしているのか、お店のコンセプトを発信する言葉も添えるべきでしょう。

▼イメージとコンセプトを一致させることが大事

もちろん、ビルインテナントならではのメリットもあります。自店の存在こそ知られにくい面がありますが、入店する商業施設やビルに集客力がある場合、それを利用できます。商業施設が発信するPR手段に自店も加えてもらえるメリットもあります。他力本願の周知方法ではあるものの、活用しない手はないでしょう。

これらのPRを通じて、イメージとコンセプトが一致した中で足を運んでもらえると、空間や雰囲気とお客さんの期待とで違和感が生じません。それが空間での心地良さになり、居心地の良さにもつながっていきます。

逆にコンセプトが伝わっていなかったら、お客さんが自身の勝手なイメージのまま来店して、「あれ？　何かが違う……」と感じる状況になりがちです。そうした違和感を覚えさせてしまったら、そのあとはもう足が向きにくくなってしまいます。

ちなみにSNSでのメッセージは、言葉をくどくど書いても仕方ありません。キャッチーなワンフレーズを大切にして、認識してもらいやすいものにすべきで、効果的なビジュアルとともに、シンプルな言葉で強く印象づけられるアプローチを心がけましょう。

SNSの活用で「今」を発信

画像や動画を用意するだけでアプリなどを使い、携帯ひとつで簡単にPRできる時代。
興味を引くワンフレーズで簡潔に。

ストーリー機能を活用し
タイムリーな発信を!

SNSと
デジタルサイネージを
連動させると
より効果的

04

なぜ店外も店内も看板だらけにしてはいけないのか？

▼いろんな情報があり過ぎると、相手に深く伝わらない

人がひと目で情報を認識する量は限られています。情報がある程度絞られていれば印象に残りやすいのですが、店外店内問わず看板がいくつも表示されていると、いろいろな情報があり過ぎて深く伝わらないということがあります。

つまり店内でも店外でも、「本当に必要な部分は何か」を絞り込んで表現しなければいけないのです。たくさんの情報を1枚の看板にあれこれと記載してしまうと、どの情報がもっとも伝えたいのかが伝わりにくい結果になり、消費者の欲求を刺激したり、見た人の脳裏にインプットしたりすることにつながらないのです。

▼「店内看板」で失われるコミュニケーションがある

先ほどから「店外店内問わず」と表現してきましたが、「店内の看板って……?」と思われた方もいらっしゃるでしょう。「看板」というよりも「表示」というほうがふさわしいかもしれません。

お店によっては、人員をなかなか割けないことから「看板に頼る」ということがあるかもしれません。代表的な例は、トイレの場所を指し示す表示です。その対応にスタッフの手が取られてしまうなら、店内に「トイレはこちら」という表示をすることを考えるのは当たり前のことだと思います。

けれども、実はお客さんから「トイレはどこですか?」とお客さんから頻繁に聞かれるとき、とお客さんとの「つながり」を生むチャンスのひとつかもしれないのです。

「トイレはどこでしょうか?」「はい、あちらの○○です」という対応をスタッフが好感度高く提供できれば、きっとお客さんは気持ち良くなってくれます。それがスタッフとのコミュニケーションを生むきっかけのひとつにできるかもしれないわけです。

人と人のつながりが大切だと考えるなら、看板や表示ではなく、言葉で伝えることは立派なサービスのひとつです。仮に店内表示などの「書いたもの」で伝えようとしても、お客さんは必ずしもそれを見てくれるとは限りません。そうするとスタッフはお客さんに、「どうして見てくれないの?」「あそこに書いてあるじゃない」とストレスを感じることがあります。ましてや「あちらに書いてありますから」なんて言おうものなら、お客さんは絶対に良い気はしません。教えることが面倒になる……それではお客さんとの信頼関係は構築できません。人と人のつながりを生むのは、やはり人から発せられる言葉と表情なのです。

繁盛するお店は、実はそうしたところがきちんとできています。人と人とのコミュニケーションを省こうとしない、機械的なものに落とし込まない努力が実を結び、人のつながりを生むのです。

情報は正しく、与え過ぎてはいけないし、与えなくてもいけない。お客さんに不快な思いやストレスを感じさせない範囲で、「ちょっと聞きたいな……」と思わせるものをつくる仕掛け。その上で丁寧な対応や接客を心がければ、お店のポイントは上がっていきます。その際に大事なもののひとつが、やはり言葉のコミュニケーションなのです。

「デザイン優先」で「快適性」を無視してはいけない

▼機能性と見た目のデザインをバランス良く成立させる

あらためて聞きますが、「空間デザイナー」の仕事を皆さんはどのようにイメージされますか？　一般的に言えば、照明やカラーコーディネート、内装品などの配置を工夫しつつ、空間をより快適に、過ごしやすくデザインすることです。加えて、お客さんに高揚感やワクワク感を提供するには「見た目のデザイン」ももちろん重要です。ただ、そればかりを重視するのは問題です。

本来の空間デザインは、アートとは違います。何よりもそれを使う方、利用する方にとっての機能性が重視すべきポイントです。それを「見た目のデザイン」とバランス良く成立させることが、空間デザインでもっとも重要な要件です。つまり、空間デザインは見た目の印象と機能性のバランスの上に成り立ち、それを兼ね備えたデザインが飲食店においてはマストなのです。

とはいえ、見た目のインパクトばかりを重視し、客動線やスタッフ動線、機能性を犠牲にしてしまうデザイナーがいるのも事実です。お客さんやスタッフの目線を考慮せず「作品」にしてしまう……実際にそのようなデザイナーも存在します。

そうやってお店をスタートさせてしまうと、実際に運営が始まってから問題が生まれてきます。回転良くお客さんを回せず、サービスに支障が出てしまいます。初期段階でしっかりと計画していなかったばかりに、あとから改善できないことも多いのです。

それを防ぐために、デザイナーは具体的にどう動線と導線を考えていくべきか。たとえば私の進め方としては、まずクライアントの考えている使い勝手や、絶対に必要な機能性についてのヒアリングを徹底的に行います。

クライアントが、どのような店でどんなお客さんをイメージしていて、どういった料理を提供したいと考えているか……そのポイントを10項目くらい聞いた上で、具体的なシミュレーションを立て、その中身を説明していきます。

そして最終的に、もっとも機能性の高まる動線へと集約していくイメージで空間デザインを確立させていくわけです。各要素が最大公約数として成立する動線を施し、全体の人の流れがよりスムーズになる提案をしていきます。

▼設計者やデザイナーから厨房スタッフに伝えるべきこと

たとえば厨房の中に製氷機を置く場合、ドリンクをつくる横にあれば便利かな……と考えがちです。けれども、意外にも氷は料理に使うこともしばしば。ですから、料理でもドリンクでも、両方をつくるにあたって使い勝手の良いレイアウトにする必要があります。そして、私はそうした提案をしていきます。

実際に料理をしていく上での機能性をクライアント以上に考えて、細かいところまで視野に入れて提案をする。お店を運営していく上で、料理をつくっていく上で何が起こり得るのか。それを想定しながら、もっとも高い機能性や快適性を発揮できるものにしていく——そういったことも空間デザイナーの仕事のひとつです。

逆に言えば、お店側がそこまでしっかりイメージできていると、お互いの意見の集約の精度がさらに上がりますから、より良いものに仕上がっていくのは言うまでもありません。たとえば、店舗担当者や店長さんは調理をしないので、ホールに立って動いていることがほとんどです。そうしたマネジメント層だけでなく、厨房を預かるシェフも交えて意見を出していくことが大事です。

ただ、現場のシェフなど調理スタッフの方は、どうしても、より自分が使いやすいように……という思考が働き、ときには過剰な設備を求めがちな面もあります。あれば便利かもしれないものの、オープン段階での優先順位は低いこともありますので、必要のないものは反映しないというドライな判断も必要でしょう。

その指摘を、オーナー自らがシェフなどの調理スタッフにするのは、「厨房内のことだから言いにくい……」ということがあるかもしれません。そんなときは、設計者やデザイナーから、説得力のある話で厨房スタッフに説明してもらうと良いと思います。

▼「NGデザイナー」か否かをどのように見分けるか

空間デザイナーはこれから店内に起こり得ることを想定しながら、機能性や快適性に重きを置いた上で、独創的な空間デザインを考えていきます。

けれども中には自分本位で、「自分の作品」「自分のアート」「自分の世界観」だけを優先する〝勘違いデザイナー〟も存在しています。

そうした「NGデザイナー」を見分けるには、実際に手掛けたお店やその後の評判などを聞いたり調べてみたりすると良いでしょう。実際にそのお店に足を運んで見てみるときっと分かるでしょう。料理や手元の接客やサービスだけでなく、どういうふうにスタッフが動いているのか、動線はどうなっているか、おそらく見るだけでも把握できると思います。

「奇抜で斬新なデザインでカッコいい！」といった見た目の印象だけでなく、むしろ大切なのは店内の動きを円滑にする機能性であり、訪れたお客さんが感じる快適性です。それを実際に自分の目で見て、デザイナーの評価をしてみることをおすすめします。

機能性と見た目の良さの両方を兼ね備えたデザイン——割合で言うと基本的には50：50のイメージを提供するのが私の目指すところです。

それはデザイナーの意識の中に、「三方良し」「四方良し」といったものがあるか否か。自分本位で空間デザインを捉えるデザイナーはきっとそのような仕事はできませんし、お店の「その先」を見据える想像性や創造性を伴わないように思います。

何よりも、お店の中で起こるリアルな事柄がイメージできるかどうか。この先お店にどんな感動を生み出したいか。その考えが明確で、それを言葉にして施主に伝えられるデザイナーであれば、きっと信頼できます。

人の動きを想像してデザインするか、あくまでも「見た目」を想像してデザインするのか。その差や違いは天と地ほどの隔たりがあると言えるでしょう。

人がどう動くかをどう想像するかは、これまで飲食店のデザインにどれだけ携わってきたか、どれだけ日常で意識しながら実際の店舗を見ているかの経験値がモノを言います。

見た目の良さと機能性が50：50と書きましたが、それがときには60：40になったり、40：60になることも、クライアントの意向や要望の中ではあり得ます。それを経験によって培ったアレンジの仕方によって、機能性の最大値を求めながら見た目のデザインも成立させていくのが私たちデザイナーの役割です。その先には、お店を訪れてくれるお客さんの存在が常に見えているのです。

建築基準法・消防法・各自治体の条例を知っていますか？

▼基準を満たさなければ諸官庁の指導を受けてしまう

飲食店を開業するにあたって、知っておくべき法律や許可の申請方法が多くあります。反面、こうした法令の話は、飲食店のオーナーの皆さんはあまりなじみがなく、見落とすことも多いものです。けれども新築はもちろん、改装の場合でも関連法規が存在し、基準を満たさなければ諸官庁の指導を受けてしまいます。

飲食店の場合、ほとんどの方が保健所への申請は理解していますが、とくに建築基準法と消防法を、しっかり意識されている方は少ないように思います。不特定多数の方が利用する店舗の性質上、これを十分にクリアしておかなければ、人命にかかわる事故につながりかねません。地域ごとの条例なども存在しますから、計画段階で検証していく必要があります。

たとえばリノベーションを手掛ける空間デザイナーであっても、基本的には一級建築士ではない場合も多いため、法規的なものにはあまり長けていないことがあり得ます。けれども、基本的な法律を無視してデザインはできませんし、後になってトラブルになるのは許されませんから、デザイナーもある程度の法規知識を頭に入れているのが普通です。これまで飲食店などの物件を数多く手掛けてきたデザイナーであれば、そうした基本的な知識は持っているものです。

また、きちんとしたデザイン事務所は一級建築士のブレーンを持っているのが通例ですから、士業連携で法規的な専門チェックを受けるのが一般的です。そして確認申請などの公的な申請が伴う場合には、一級建築士に手続きを依頼してクリアしていくことが多くあります。

▼法令に無知であったために起こり得る悲劇

以前、私の知人デザイナーから聞いた話ですが、「天井が高いからロフト席をつくりたい」と考え、強引に改修を進めたお店がありました。

その場合、床面積が増えるので、建築基準法の確認申請を出さなければなりません。それを怠っていると違法建築になってしまうことがあるからです。

資金を投じて、そうした間違った改修を行ってしまったあとで、行政の担当から違反を指摘され、さらなる改修を求められると悲劇です。諸官庁から指導を受けてしまうと、もはや直さないという選択肢はありません。大規模な費用をかけて改善しなければならないのです。

先のお店の場合、訪れたお客さんに建築の専門家がいて、違反に気づいて指摘したことで、最終的に自治体の担当者に露見してしまったそうです。

消防法の見落としも、よくある事例です。

規模や用途によりますが、火災報知機やスプリンクラーの設置には建築基準法と消防法、各自治体での条例といった一定の要件があります。万一、店内に煙が出ても何も作動しなかった、では問題です。

大勢の人がお店というひとつの箱に入るということは、人の命を預かることであり、それを厳しく認識していなければ良いお店づくりにはつながりません。当然ながら法を無視したものはつくってはいけないし、事前の計画段階でそうしたことは調査して進めていかなくてはいけないということです。

実はデザイン事務所の中には、こうした法令順守の精神が薄く、おざなりになっているところが少なくありません。施主やオーナーさんはこうした法令・法規をすべて知る必要はありませんが、設計士やデザイン事務所を選ぶ際には、きちんとした意識を持っているかをぜひ確認してみてください。

難しいことを尋ねる必要はありません。「施工内容は、建築基準法や消防法などの法令をクリアしてますか？」というひと言があるかないかで違います。

それを確認するだけでも、設計士やデザイナーへの良いプレッシャーになり、法令を順守した作業内容を促すことにつながると思います。

SPECIAL THANKS

出版にあたり多大なご協力をいただいた皆さまに感謝申し上げます。

株式会社 NK インターナショナル
代表取締役　木田直樹様
- café&Restaurant SAIKI
- 串焼き・創作料理 YONIKI　ほか

株式会社エスフェイズ
代表取締役　泉谷真一様
- siro 整骨院　ほか

株式会社セットギャルソン
株式会社ダイゴリゾート
代表取締役　久末育雄様
- 炙り・海鮮・旬野菜 閣 CUGURIDO
- ステーキ&スイーツ銀珈琲店
- ALTEZZA アルテッツァ・トマム　ほか

有限会社コンセプト
代表取締役　小原章芳様
- BAR españa
- BAR españa CARNE
- 炭焼ジンギスカン北の風
- うさぎの焼鳥　ほか

株式会社 大吾ぱん
代表取締役　辻 大吾様
- 札幌 大吾ぱん屋
- DAIGO-PAN 各店　ほか

商業施設 企画・設計・施工
ストアプロジェクト株式会社
代表取締役　間宮なつき様

企画・設計・施工
株式会社 愛夢
代表取締役　佐藤仁彦様

店舗設計・施工・監理
株式会社エスカンパニー
代表取締役　島崎 等様

商業施設 設計・施工・監理
株式会社ナンシンデザイン
代表取締役　石黒哲也様

カメラマン
HAJIME NOHARA

おわりに

活気ある繁盛店が増えることで世の中は幸せになる

最後までお読みいただきありがとうございました。

そもそも私が最初に出版を考えたのは、コロナ禍で飲食店が厳しかった時期のこと。そんな中でも、夢や希望を持って自分の飲食店を持ちたいという方が数多くいらっしゃいました。そんな皆さんの開業の参考になるようなメッセージを本にまとめたい――飲食店に夢を抱く人に1人でも多く開業してもらい、長く愛される、真に繁盛していくお店になってほしい。そのための一助になればと思って、本を書くことを決めました。

多くの飲食店が見落としがちな、「ニューノーマル時代に求められる空間づくり」。その本質は「つながる空間デザイン」にあり、お店を人と人がつながる空間に変え、従来の3倍の集客を実現する――それをテーマにここまで書いてきた通り、5年以内の廃業率が70%ともいわれるレッドオーシャンの市場の中で、おかげさまで私は、関わった店舗の90%以上を5年以上継続させるという実績を残してきました。言うまでもなく、店舗のオーナーさんや厨房を預かるシェフ、またホールで接客を担うスタッフの皆さん方の素晴らしいお仕事のたまものです。それとともに、多くのお客さんに「また来たい」と感じてもらえる空間をつくってきたことも、多くのリピーターを生み、繁盛につながった要素のひとつだと思います。

そうした店舗の雰囲気をつくるには、あらゆる要素を総合的に計画する空間デザインが必要です。部分的なことで改善できる点もありますが、やはりもっとも効果を生む方法は、すべてトータルに改装すること。ですから、総合的に計画する空間デザインが求められます。

けれども、投資コストや工期などの要因で十分な資金を確保できないお店も多く、立地条件やその場を行き交う人のターゲット層、周辺競合の存在などによって計画や改善の方法も違うため、全面的な改装が難しいことは少なくありません。また業態や広さ、コンセプト、人員などの制限でできることにも限界があります。

ただ、だからといって、何もやらずに廃業に進んでしまうのか。それとも今できることを取り入れて繁盛店への階段を上るのか。その選択肢は、お店を預かるオーナーや店長ご自身が持っています。たとえば、「地産地消」を謳ってフードロスや輸送エネルギーの削減をアピールするだけでも、認知度の向上に一役買ってくれますし、そのコンセプトに合った空間デザインを取り入れることが繁盛のきっかけになったりもします。お店の繁盛は、食材の仕入れ先を助けることにもなりますし、ひいては地域活性化にもつながります。皆さん、どうか1人で悩まないでください。

食材の運搬にかかっている石油などのエネルギー商品の削減や、地元農家などから直売される野菜などでのフードロス減には人々の日々の生活の身近にある飲食店が消費者に向けて「地産地消」を提案することで、認知度を高められるのではと思います。

私たちはそのためのデザインを、ぜひ提供する必要もあると考えます。ぜひあきらめずに、最低限可能なコストで最大限の効果を生み、繁盛店に近づけていきましょう。

北海道札幌市に隣接する江別市でのプロジェクトは、その一例です。「レンガのまち」として知られる同市に古くから残る煉瓦工場を歴史を残しながらも地域の方々はもちろん、近隣からも足を運ぶ商業施設EBRI（エブリ）として再生するプロジェクトが実現しました。ストアプロジェクト株式会社による運営と総合プロデュースの中、私も空間デザインに関わらせていただいております。地域の声を受け入れながらの商品開発を行い、使用する素材や加工などは地場の企業と積極的に取り組む事でここにしかないオリジナルのブランディングを確立。オリジナルショップのほか、飲食店・イベント・マルシェなど日常的に訪れることが出来る地域住民の集う場として活性化につながっています。

地域活性化の取り組みの実例

北海道江別市 EBRI

元々使用していた木材や煉瓦の再利用などで歴史を残しながら新しいライフスタイル施設として生まれ変わった外観。

オリジナル商品で展開されるショップエリア

おそらく飲食店を始める皆さんは、「店を訪れるお客さんが笑顔になってほしい」「そこで働く自分たちも笑顔でお客さんを迎えたい」――そんな気持ちでスタートしたはずです。その想いをあらためて大事にしながら、お店を取り巻く多くの人が望む飲食店をつくってほしい。お客さんとお店、地域とお店が笑顔でつながる本当の繁盛店となってもらいたいという想いでいっぱいです。本書が皆さんのお役に立てると信じています。

最後になりますが、この本を手にしていただいた方々の多くは、夢の飲食店を出店したい、現状を変えたい、繁盛店をつくりたいと、本気で考えている方々だと思います。立地条件や周辺環境により、何が正解か明確な答えが出しにくい世界ではありますが、何もせず歩みを止めると一瞬で閉店に追い込まれます。

小さなことができないと、決して大事は成し遂げられません。たとえ小さなことからでも実践し、行動し、お客さんの笑顔のために。そして自分たちの笑顔のために。その想いが実を結ぶ時が来るように。ひとつの判断、決断のお手伝いになれば幸いです。

林が森になるように、ひとつのにぎわいが地域を元気にします。地域のにぎわいが人を呼び、雇用を生み、消費が拡大し、豊かな都市へ変わりゆく。その主役は飲食店だと信じます。そして、それを実現するための空間デザインは、「作品ではなく共創」です。これからもオーナー様一人ひとりに真摯に寄り添い、「その空間がまとう空気」を大事にしながら、たくさんの繁盛店を生んでいくためのお手伝いをしたいと考えています。

　この本の出版にあたり、これまで関わってくださったクライアントオーナー様、協力業者様、友人たちには非常に多くの支援と協力を賜りました。私のデザインの歩みは決して自分の力だけでなく、皆さんの力添えが経験となり、知識となっていることは言うまでもありませんが、この場を借りて感謝を記したいと思います。

　本書が皆さんを変える小さな一歩となりますことを心から願っています。

久保徹宜

久保徹宜（くぼ・てつのり）

空間デザイナー、商業施設士。JCD一般社団法人日本商環境デザイン協会正会員。1976年北海道生まれ。札幌にてデザイン専門学校を卒業後、内装設計施工会社を経てフリーランスに。2011年、株式会社ワンダースクエアを設立。飲食、物販など専門店のデザイン、内装設計を軸としながら住宅、オフィス、ジムなど多岐にわたる分野でプロジェクトを推進している。来店者、利用者の目線を想像し、「あらゆる角度から事業成功を常に意識した提案」をデザインテーマとして活動している。

ご依頼などはコチラで受付けております。→ admin@wonder-square.jp

STAFF

企画協力　潮凪洋介（HEARTLAND Inc）
編集協力　栗栖直樹、柴田恵理
カバーデザイン　山口喜秀（Q.design）
本文デザイン　深澤祐樹（Q.design）
イラスト　ぷーたく
DTP　G.B. Design House
校正　東京出版サービスセンター
営業　峯尾良久、長谷川みを、出口圭美

なぜか集まりたくなる飲食店の
つながる空間デザイン

初版発行　2024年2月28日

著者　久保徹宜
編集発行人　坂尾昌昭
発行所　株式会社G.B.
〒102-0072 東京都千代田区飯田橋4-1-5
電話　03-3221-8013（営業・編集）
FAX　03-3221-8814（ご注文）
URL　https://www.gbnet.co.jp
印刷所　株式会社シナノパブリッシングプレス

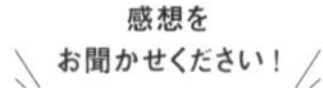

ISBN 978-4-910428-41-3